JN239296

Sacré-Cœur

MONTMARTRE   Gare du Nord

La Villette

Gare de l'Est

Canal St-Martin

Parc des
Buttes-Chaumont

Place de la République

usée du
ouvre

Forum
des Halles

Centre
Georges Pompidou

Notre-Dame

QUARTIER
DU MARAIS

Ile de la Cité

Cimetière du
Père-Lachaise

in-des-Prés

Bd. St-Germain

Ile St-Louis   Bd. Henri IV

Sorbonne

Opéra
Bastille

ourg

Institut du
Monde Arabe

Bd. Diderot

Place de la Nation

Panthéon

QUARTIER LATIN

Jardin des Plantes

Gare de Lyon

Ministère des Finances

. du Montparnasse

Gare
d'Austerlitz

Palais Omnisport
de Paris-Bercy

SE

Place d'Italie

Bois de Vincennes

Bibliothèque Nationale

Parc Montsouris

Seine

ersitaire

C'est bon !

— nouvelle édition —

Hidefusa Kuroki
Kana Hatakeyama
Miwa Kato
Sonia Silva

SURUGADAI-SHUPPANSHA

音声について

本書の音声は，下記サイトより無料でダウンロード，
およびストリーミングでお聴きいただけます．

https://stream.e-surugadai.com/books/isbn978-4-411-00933-3/

＊ご注意
・PC からでも，iPhone や Android のスマートフォンからでも音声を再生いただけます．
・音声は何度でもダウンロード・再生いただくことができます．
・当音声ファイルのデータにかかる著作権・その他の権利は駿河台出版社に帰属します．
　無断での複製・公衆送信・転載は禁止されています．

追加練習問題ダウンロード

文法事項の習得のための追加練習問題が、下記 URL よりダウンロードできます。
練習問題は各課ごとに分かれています。
巻末の、「補遺情報－文法のまとめと補足」（p.70）もあわせてご活用ください。

 https://www.e-surugadai.com/books/isbn978-4-411-00933-3

はじめに

　この教科書はフランス語をはじめて学ぶ方たちのために作りました。テーマを「食」に絞ったのは、フランス料理を学ぶ専門学校生や生活に密着したフランス語を学ぶ学生のみなさんに使ってもらいたいということもありますが、「食」は「ことば」と密接に結びついており、フランス語をはじめて味わうのにふさわしいテーマだからです（フランス語で langue が「言語」と同時に「舌」という意味ももつことは、その証左だと言えるでしょう）。みなさんがフランス語を楽しく学び続けるため、最小限の文法事項で、最大限の実践的な表現を習得できるように、さまざまな工夫を施しました。

　本書は 4 部、12 課からなり、各部のあいだには実践的なアクティヴィティを豊富に取りそろえ、さまざまなスケジュールに柔軟に対応できるように作りました。各課は、（第 4 課から）Expression と Dialogue、Grammaire、Activité、Civilisation で構成されています。Expression ですぐに使えるワンフレーズを学んだのち、Dialogue ではその表現の具体的な使い方、Grammaire ではその表現の仕組みを学習しましょう。そして Activité では、学習した表現をすぐに使ってみることで定着させましょう。あわせてミニコラムも読むことで、各課の表現を用いる具体的なシチュエーションを想像することができるようになります。また、フランス語をさらに楽しく学ぶために、Civilisation では「食」と「ことば」にまつわる話が書かれているので、ぜひ読んでみてください。中間部の Au travail では、それまでに学んだ知識を応用してより実践的なフランス語が学べますし、Défi ではさらに学習を進めたい人のためにチャレンジ問題を用意しました。C'est pratique では、日常会話で用いる表現を強化できるようになっています。巻末の補遺には、発音、文法事項、単語の補足が載せてありますので、必要に応じて参照してみてください。

　これから新しい言語を学ぶみなさんは、未知の世界に触れる期待に目を輝かせていることと思います。とはいえ、この教科書はあくまでも最初のステップであり、ひと通り終える頃にはもっと学びたい！という意欲が湧いてくることでしょう。フランス語を使いこなせるようになるためには、なによりも学習者のみなさんが自らフランス語という海に飛びこんでいく勇気が必要です。この教科書で学んだことがみなさんの背中の後押しとなるはずです。

　なお、本書をお使いくださった先生方や学生の方から、忌憚なきご意見をお聞かせ願えれば幸いです。最後になりましたが、本書を作成するにあたってご協力いただいた多くの方に感謝申し上げます。また、素敵なデザインに仕上げてくださり、編集もご担当いただいた駿河台出版社の上野大介さんに心よりお礼申し上げます。

著者一同

目次

LEÇON 0

Bonjour !
こんにちは！
p.1

1. アルファベ ／ 2. 綴り字記号 ／ 3. フランス語の発音の規則 ／ 4. 数字（1 – 20）

第 1 部

LEÇON 1

Une tomate, s'il vous plaît !
トマトを一つください。
p.5

🔍 **Grammaire** ← 1. 男性名詞と女性名詞 ／ 2. 単数形と複数形 ／ 3. 冠詞

LEÇON 2

Qu'est-ce que c'est ?
それは何ですか？
p.9

🔍 **Grammaire** ← 1. 主語人称代名詞 ＋ être ／ 2. 形容詞

LEÇON 3

Vous aimez la truffe ?
トリュフはお好きですか？
p.13

🔍 **Grammaire** ← 1. er 動詞 ／ 2. 疑問文 ／ 3. 否定文

Au travail !

料理名のフランス語
p.17

🔍 **Grammaire** ← 定冠詞と前置詞の縮約 ／ 数字（21 – 60）

第 2 部

LEÇON 4

Vous avez une réservation ?
予約してますか？
p.21

🔍 **Grammaire** ← avoir

LEÇON 5

Je vais prendre la salade niçoise.
ニース風サラダをください。
p.25

🔍 **Grammaire** ← aller ／ venir ／ prendre

LEÇON 6

Vous avez pris un dessert ?
デザートを注文しましたか？
p.29

🔍 **Grammaire** ← 1. 複合過去 ／ 2. 過去分詞

Au travail !

レストランのフランス語
p.33

🔍 **Grammaire** ← 疑問形容詞 quel ／ 否定の de ／ 時間の表し方 ／ 数字（70 – 100）

第 3 部

LEÇON 7

Il faut des œufs et du beurre.
卵とバターが必要なんだ。

p.37

🔍 **Grammaire** ← faire ／ pouvoir

LEÇON 8

J'ai besoin de pêches plus petites.
もっと小さい桃がいいんですが。

p.41

🔍 **Grammaire** ← 比較級

LEÇON 9

Qu'est-ce que vous me conseillez ?
おすすめは何ですか？

p.45

🔍 **Grammaire** ← 1. 代名詞（直接目的語、間接目的語）／ 2. 中性代名詞 en

Au travail !

買い物のフランス語

p.49

🔍 **Grammaire** ← 数量表現

第 4 部

LEÇON 10

Écoute bien !
ちゃんと聞いて！

p.53

🔍 **Grammaire** ← 命令法

LEÇON 11

Combien de temps ?
どれくらい（時間）ですか？

p.57

🔍 **Grammaire** ← Où ? ／ Quand ? ／ Qui ? ／ Quoi ?

LEÇON 12

Je me lève tôt.
私は早く起きます。

p.61

🔍 **Grammaire** ← se laver

Au travail !

ルセットのフランス語

p.65

🔍 **Grammaire** ← faire ＋ 動詞の原形 ／ laisser ＋ 動詞の原形 ／ 前置詞 par の使い方 ／
数字（100 – 1000）

Annexes ［補遺情報］

p.69

発音 ／ 文法のまとめと補足 ／ 単語の補足 ①（日常の単語）／ 単語の補足 ②（調理の単語）／ 単語集

La cuisine française

La quiche lorraine
キッシュ・ロレーヌ

キッシュの中でもロレーヌ地方を代表する「キッシュ・ロレーヌ」は、たっぷりの玉ねぎとベーコンといういたってシンプルな組み合わせです。

La galette bretonne
ガレット

ブルターニュ地方の郷土料理です。一般的にそば粉を使った生地で作られるクレープを指します。丸い生地を四方内側に折りたたむ形が特徴です。

Les escargots
エスカルゴ

フランスの名物料理エスカルゴは殻に入れたまま提供するレストランが多いので、専用のトングとフォークで食べるのが一般的です。

La raclette
ラクレット

フランス語で削り取るという意味の「ラクレ（racler）」に由来しています。チーズの表面を溶かし、じゃがいもやハムにかけて食べます。

Le bœuf bourguignon
ブッフブルギニヨン

ブルゴーニュ地方の郷土料理です。同地方の有名な赤ワインと、シャロレー牛を使うのが本場風です。

La ratatouille
ラタトゥイユ

プロヴァンス地方の郷土料理で、ニース風が有名です。肉や魚にもよく合い、オムレツなど卵料理の付け合わせとしてもよく登場します。

La choucroute
シュークルート

アルザス地方の郷土料理です。塩漬けキャベツをじゃがいもや野菜、ハムなどと一緒にブイヨンで蒸し煮にして作ります。

Le cassoulet
カスレ

ラングドッグ地方の郷土料理です。カソールという専用の土鍋で塩漬けの豚肉や鴨のコンフィ、白インゲン豆などの具材を煮込んで作ります。

Le hachis Parmentier
アシ・パルマンティエ

ポトフなどの残り肉を美味しく食べる手段として生まれたフランスの家庭料理です。パルマンティエはフランスにじゃがいもを普及させた人物。

LEÇON 0

Bonjour !
こんにちは！

♪ 02

Bonjour !

Bonjour !

Merci beaucoup !

Au revoir !
Bonne journée !

フランス語の挨拶

UNE JOURNÉE

La tour Eiffel

Bonne soirée !

Bonsoir !

Enchanté(e) !

コラム

▶Bonjour ! 🍃

日本では挨拶のさいにお辞儀をするように、フランスでも挨拶は言葉だけでなく、ジェスチャーを使うこともあるよ。たとえば、初対面だったら握手をしたり、仲よくなったらビズ（キスの代わり）やハグをするときもあるよ。ビズの回数は地域によって違うから注意が必要！

1 アルファベ

🎧 03

A a	B b	C c	D d	E e	F f
G g	H h	I i	J j	K k	L l
M m	N n	O o	P p	Q q	R r
S s	T t	U u	V v	W w	X x
Y y	Z z				

※ Œ という O と E の合字を使う場合あり。

2 綴り字記号

🎧 04

´	accent aigu	é	café
`	accent grave	à è ù	crème
^	accent circonflexe	â ê î ô û	gâteau
¨	tréma	ë ï ü	maïs
¸	cédille	ç	garçon
'	apostrophe		jaune d'œuf
-	trait d'union		chou-fleur

🔊 I 言ってみよう！

🎧 05 1. 自分の名前をアルファベで言ってみよう！

例 **Je m'appelle Takeshi. T-A-K-E-S-H-I**

2. 次の略号を読んでみよう！

1. AOC   2. TTC   3. UE   4. RTT   5. JO

🔊 II 言ってみよう！

🎧 06 次の単語のつづりをアルファベで言ってみよう！

1. Santé !   2. Pardon !   3. Salut !

3 フランス語の発音の規則

◎ é, è, ê は エ の音になる。

◎ h は発音しない。　　　　　　　　　　　　　huître　　　herbe

◎ 語末の e は発音しない。　　　　　　　　　　pâtisserie　　mariage

◎ 語末の子音字は基本的に発音しない。　　　　gigot　　　jus

◎ ただし、いくつかの子音字は発音することがある。　sel　　　chef

 次のフランス語を読んでみよう．

1. café　　　　2. chocolat　　　3. escargot　　4. champagne

5. truffe　　　6. mayonnaise　　7. quiche　　　8. gratin

※フランス語の特徴的な発音

in　[ɛ̃]　：vin

ch　[ʃ]　：champignon

gn　[ɲ]　：beignet　　cognac

ge　[ʒ]　：fromage

qu　[k]　：coquille

 次のフランス語を読んでみよう．

1. eau　　　　2. fraise　　　　3. poire　　　4. couvert

5. lait　　　　6. agneau　　　　7. poivre　　　8. bourguignon

※フランス語の特徴的な発音

ai　[ɛ]　　　　：raisin

au, eau　[o]　：saucisse

ou　[u]　　　：fougasse　　four

oi, oy　[wa]　：noix　　　oie

4 数字

🎧⑩

1 un	2 deux	3 trois	4 quatre
5 cinq	6 six	7 sept	8 huit
9 neuf	10 dix	11 onze	12 douze
13 treize	14 quatorze	15 quinze	16 seize
17 dix-sept	18 dix-huit	19 dix-neuf	20 vingt

🎧 音を聞いて、数字を聞き取ってみよう！

🎧⑪ 1. _____ 2. _____ 3. _____ 4. _____ 5. _____

💬 音を聞いて、数字を聞き取ってみよう！

🎧⑫ 1. C'est combien ? — (　　　　　　　) euro.

2. Bonjour, (　　　　　　) kilos de tomates, s'il vous plaît !

3. Bonsoir, (　　　　　) personnes, c'est possible ?

Restaurant moderne

Une tomate, s'il vous plaît !

トマトを一つください。

~ , s'il vous plaît.

~をください

EXPRESSION を使ってみよう！ ①

次のものを注文してみよう！

1. une clémentine （ミカン）
2. une poire （洋ナシ）
3. une pêche （桃）

EXPRESSION を使ってみよう！ ②

次のものを注文してみよう！

1. un poivron （ピーマン）
2. un concombre （キュウリ）
3. un potiron （カボチャ）

コラム

▶S'il vous plaît !

英語の **please** にあたるのが、フランス語の « **s'il vous plaît.** » 何かをお願いするときに、この **s'il vous plaît** をつけると丁寧な表現になるよ。注文する時以外にも、カフェなどで店員さんを呼ぶときや、タクシーで行き先を伝えるときにも使えるんだ。便利だね。

 **Grammaire** ●————————————————————————

1. 男性名詞と女性名詞

◇すべての名詞は男性名詞 (m.) か女性名詞 (f.) に分かれています。

🎧16 carotte (f.)　　concombre (m.)　　aubergine (f.)　　tomate (f.)　　laitue (f.)

【練習 1】　次の名詞が男性名詞なのか女性名詞なのか調べてみよう！

　　1. épinard　　2. haricot　　3. olive　　4. poivron　　5. gingembre

2. 単数形と複数形

◇名詞の複数形は単数形に s をつけます。

🎧17 avocat (m.) → avocats　　　　　potiron (m.) → potirons

　　pomme de terre (f.) → pommes de terre

　　※ただし例外があります。

　　　・単複同形 → 語尾が s、x、z で終わる場合
　　　　pois (m.)　　radis (m.)　　noix (f.)　　riz (m.)
　　　・（s ではなく）x をつける場合
　　　　poireau(x) (m.)　　chou(x) (m.)

【練習 2】　次の単語を複数形にしてみよう！

　　1. oignon　　2. fève　　3. artichaut　　4. anchois　　5. veau

3. 冠詞

◇フランス語の冠詞は三種類。名詞の性・数によって形が変わります。

　① 不定冠詞（不特定のものを示すときに使います）

🎧18　un citron　　　une baguette　　　des petits pois

　② 定冠詞（特定のものや総称を表すときに使います）

　　le repas　　　la nourriture　　　les épices

　③ 部分冠詞（数えられないものを示すときに使います）

　　du vin　　　de la viande　　　de l'eau

	男性名詞	女性名詞	複数
不定冠詞	un	une	des
定冠詞	le (l')	la (l')	les
部分冠詞	du (de l')	de la (de l')	

ACTIVITÉ

 I 音声を聞いて、次の食材を何個頼んでいるか聞き取ってみよう！

 (19)
① キュウリ　　＿＿＿＿＿＿＿＿＿＿＿

② バゲット　　＿＿＿＿＿＿＿＿＿＿＿

③ レタス　　　＿＿＿＿＿＿＿＿＿＿＿

II 次の食材を頼んでみよう！

(20)
① カボチャ、4つ

＿＿＿＿＿＿＿＿＿＿＿＿＿＿＿＿＿＿＿＿＿＿

② ピーマン、5つ

＿＿＿＿＿＿＿＿＿＿＿＿＿＿＿＿＿＿＿＿＿＿

③ 桃、6つ

＿＿＿＿＿＿＿＿＿＿＿＿＿＿＿＿＿＿＿＿＿＿

Vocabulaire

―（食材）―

Fruits (*m. pl.*) 果物

pomme (*f.*) リンゴ	orange (*f.*) オレンジ	fraise (*f.*) イチゴ
banane (*f.*) バナナ	pamplemousse (*m.*) グレープフルーツ	
myrtille (*f.*) ブルーベリー	citron (*m.*) レモン	poire (*f.*) 洋ナシ
framboise (*f.*) ラズベリー	raisin (*m.*) ブドウ	ananas (*m.*) パイナップル

Légumes (*m. pl.*) 野菜

aubergine (*f.*) ナス	courgette (*f.*) ズッキーニ	chou (*m.*) キャベツ
poireau (*m.*) ネギ	laitue (*f.*) レタス	poivron (*m.*) ピーマン
citrouille (*f.*) 西洋カボチャ / potiron (*m.*) カボチャ		

Épices (*f. pl.*) スパイス

moutarde (*f.*) マスタード	cumin (*m.*) クミン	poivre (*m.*) コショウ
bouquet garni (*m.*) ブーケガルニ	cannelle (*f.*) シナモン	vanille (*f.*) バニラ

CIVILI-SATION

鳥

＜マルシェ (Marché)＞

フランスの朝の風物といえば、マルシェ！ どんなに小さな町にも必ずあります。マルシェの形態はさまざまで、もっとも一般的なのは、決まった曜日に広場などにたつ食品が中心のマルシェ。そのほかに大型の屋根付きホールにお店がならぶ屋内マルシェもあります。場所によっては午後からだったり、大きなマルシェでは家具や衣類まで揃っていることもあります。

季節の野菜や果物を安く仕入れるには、マルシェに通うのが一番！ 顔見知りになると、質の良いものを教えてくれたり、おまけをしてくれることも。でも、どうやって買ったらいいかわからないし、頼みかたも不安…でもこれだけ知っていれば安心！

▲▲ マルシェ
(marché)

〇どんな人が売っているか確認しましょう！

マルシェにはさまざまな人が新鮮な食品を売りに来ています。大きくわけて２つ。自分で作った野菜や果物などを売っている生産者 (producteur, maraîcher) と、いわゆる八百屋 (primeur) です。生産者が売っているスタンドの後ろには、だいたい「生産者 (Producteur)」と書いてあるので、チェックしてみてくださいね。

〇大きめの買い物袋を持って行きましょう！

マルシェでは、個別の野菜を入れる袋以外はもらえないので、必ずマイバッグを用意して行きましょう。お店によっては、カバンを渡すと、そのままどんどんその中に詰め込んでくれることもあります。

〇量り売りか、個数単位での値段かチェックしましょう！

マルシェでの買い方は二つ。量り売りかばら売り (par pièce)。たいていキロ単位の値段で売っていますが、キュウリやメロン、スイカなど大きなものは一個あたりの値段であることが多いので、買う前に値札をチェックしましょう。どのくらい買ったらいいかわからないときは、まずは習った数を使って個数で頼んでみましょう！ リンゴやジャガイモは種類が豊富で、作りたいものを言うと、どれを買ったらいいかアドヴァイスしてくれますよ！

LEÇON 2

Qu'est-ce que c'est ?

それは何ですか？

 21

Qu'est-ce que c'est ?

— C'est un poireau.

— C'est une betterave.

— Ce sont des épinards.

> 「それは何ですか」と尋ねる時は、
>
> ### Qu'est-ce que c'est ?
>
> 答えが単数の時は、 C'est 〜 .
> 複数の時は、 Ce sont 〜 .

artichaut violet

EXPRESSION を使ってみよう！①

次のものが何か尋ねてみよう！

 22

1.
2.
3.

コラム

▶ C'est quoi ?

それが何か尋ねたいとき、**Qu'est-ce que c'est ?** のほかに、**C'est quoi ?** という表現も使えるよ。ただし、こちらはカジュアルな表現だから使うときには注意が必要だね。

Grammaire

1. 主語人称代名詞＋être

	単数	複数
1人称	je 私は	nous 私たちは
2人称	tu 君は	vous あなたは / あなたたちは
3人称	il 彼は / それは	ils 彼らは / それらは
	elle 彼女は / それは	elles 彼女らは / それらは

être（英：be）

je	suis	nous	sommes
tu	es	vous	êtes
il	est	ils	sont
elle	est	elles	sont

Je suis cuisinier.　Anne est cuisinière.

【練習1】　次の単語を使って文章を作ってみよう！

1. 彼は料理人です。
2. 彼女はお菓子職人です（pâtissière）。
3. 彼らはソムリエです（sommeliers）。

2. 形容詞

◇名詞・代名詞の性・数によって形が変わります。
（女性形は e をつける。複数形は s をつける。）
Il est grand.　　Ils sont grands.
Elle est grande.　Elles sont grandes.

	単数	複数
男性	grand	grands
女性	grande	grandes

※ e で終わる形容詞は男女同形。
　　un poivron rouge　　une tomate jaune
※ 特殊な女性形をもつ形容詞もある。
　　blanc（女性形：blanche）　　frais（女性形：fraîche）
◇基本的に形容詞は名詞の後ろにおく。
　une truffe noire　　des haricots verts
　de l'eau chaude　　du lait froid
　※ 名詞の前におく形容詞
　　　grand　　petit　vieux（女性形：vieille）　jeune　　bon（女性形：bonne）
　　　mauvais　joli　　beau（女性形：belle）　　nouveau（女性形：nouvelle）など。
　　une petite salade　　une grande salade
◇例外的な形容詞
　C'est beau.　　Elle est belle.
　C'est la nouvelle cuisine.

	単数	複数
男性	beau (bel)	beaux
女性	belle	belles

【練習2】 日本語に合わせて下線部に（ ）内の形容詞の形を変えて入れてみよう！

1. 熱いスープ（chaud）　　　　　　　une soupe ＿＿＿＿＿＿

2. 赤ワイン（rouge）　　　　　　　　du vin ＿＿＿＿＿＿

3. ホワイトアスパラガス（複数）（blanc）des asperges ＿＿＿＿＿＿

4. 冷たい水（froid）　　　　　　　　de l'eau ＿＿＿＿＿＿

【練習3】 次の質問にフランス語で答えてみよう！

1. Qu'est-ce que c'est ?　　2. Qu'est-ce que c'est ?　　　3. C'est quoi ?

ACTIVITÉ

 音声を聞いて、（ ）内に入る言葉を聞き取ってみよう！

 ① C'est un poivron （　　　　　　　　　）.

② Il est （　　　　　　　　　）.

③ Elles （　　　　　　　　　） （　　　　　　　　　）.

 次のイメージを指して何か尋ねてみよう！

① 　② 　③

Vocabulaire

— （調理器具・食器）—

couteau (*m.*) ナイフ	casserole (*f.*) 片手鍋	cocotte (*f.*) 両手鍋
poêle (*f.*) フライパン	ciseaux (*m. pl.*) はさみ	bol (*m.*) ボウル
cuillère (*f.*) スプーン	fourchette (*f.*) フォーク	vaisselle (*f.*) 食器
plat (*m.*) 皿	assiette (*f.*) 小皿	verre (*m.*) グラス
bouteille (*f.*) ボトル、瓶	cul de poule (*m.*) ステンレスボウル	
fouet (*m.*) 泡だて器	torchon (*m.*) ふきん	

CIVILI-SATION Ⓑ

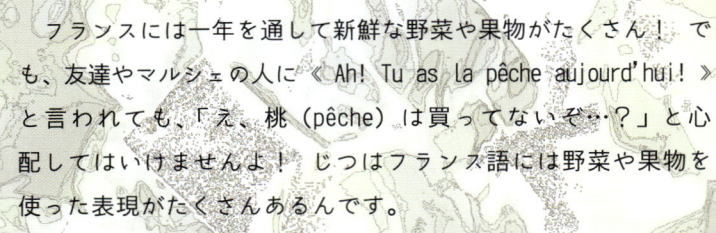

< 果物や野菜 (Fruits et légumes) >

フランスには一年を通して新鮮な野菜や果物がたくさん！ でも、友達やマルシェの人に《 Ah! Tu as la pêche aujourd'hui! 》と言われても、「え、桃（pêche）は買ってないぞ…？」と心配してはいけませんよ！ じつはフランス語には野菜や果物を使った表現がたくさんあるんです。

《 avoir la pêche 》は日本語に直訳すると「桃を持っている」という意味ですが、ここでは「元気そうだね！」と言いたいときに使う表現です。それでは《 Je suis tombé dans les pommes hier 》「きのうリンゴ（pomme）の中に落ちちゃった」と言われたら？ これは作家ジョルジュ＝サンドが好んだ表現で、「くたくたに煮たリンゴの中に落ちたように疲れている」という意味。倒れたときに使うので、友達が「リンゴに落ちた」と言ったら、しっかり労ってあげましょう。

日本語でも「鴨ネギ」でなじみの深いネギは、フランス語では《 poireau 》といいます。日本語の「鴨ネギ」は「自分にとって好都合なことがおこること」を指すことわざですが、フランス語にもネギを使った表現があります。それが《 poireauter（poireau が動詞になった形）》。《 J'ai poireauté pendant 2 heures! 》「2時間もネギしたわ！」とだれかが言ったら、それは2時間もネギの役を演じていたわけではなくて、「長いあいだずっと待っていた」ということです。まっすぐ伸びるネギが直立不動の人間に見えることから、長いあいだ植物のように待つというイメージが定着しました。

ところでみなさんも知っているシュークリームの「シュー」は、フランス語のキャベツ（chou）から来ているけれども、キャベツと聞いてバリバリ食べる大きな野菜を想像した人も多いのではないでしょうか。反対にフランスでは、小さいものや可愛らしいものを連想する人が多いです！ 会話のなかでも、「かわいい！」、「それすごい素敵！」というときには《 Ah c'est chou! 》や《 C'est trop chou...! 》という表現をよく使います。「えー、すごいキャベツ！」という意味ではなくて褒め言葉なので注意してくださいね！

LEÇON 3

Vous aimez la truffe ?

トリュフはお好きですか？

Vous aimez la truffe ?

— Oui, bien sûr. Et vous ?

— Oui, moi aussi.

> 「〜は好きですか」
> **Vous aimez 〜 ?**

Beignets de matsutake aux truffes

EXPRESSION を使ってみよう!!①

次のものが好きか尋ねてみよう！

1. 緑茶 le thé vert（*m.*）

2. 炭酸水 l'eau gazeuse（*f.*）

3. 赤ワイン le vin rouge（*m.*）

コラム

▶**C'est mon préféré.**（男性名詞）**/ C'est ma préférée.**（女性名詞）

特に好きなものやお気に入りを表現したいときは、**C'est mon préféré.** や **C'est ma préférée.** を使うといいよ。前に習ったように、好きなものが男性名詞か女性名詞かで形が少し変わるんだ。

 **Grammaire**

1. er 動詞

parler			aimer		
je	parle	nous parlons	j'aime		nous aimons
tu	parles	vous parlez	tu	aimes	vous aimez
il	parle	ils parlent	il	aime	ils aiment
elle	parle	elles parlent	elle	aime	elles aiment

【練習 1】 次のフランス語の動詞の活用を書いてみよう！

　　1. marcher （歩く）　　2. travailler （働く）　　3. cuisiner （調理する）

　　4. éplucher （皮をむく）　　5. assaisonner （味をつける）

2. 疑問文

◇フランス語の疑問文の作り方は三つ。

Vous aimez la truffe ? （語尾を上げて発音する）

　　Est-ce que vous aimez la truffe ? （文頭に Est-ce que をつける）

　　Aimez-vous la truffe ? （主語と動詞を倒置して - （ハイフン）で結ぶ）

【練習 2】 次の文章を疑問文にしてみよう！

　　1. Tu cuisines souvent. （Est-ce que を使った疑問文に）

　　_____

　　2. Vous travaillez beaucoup. （倒置疑問文に）

　　_____

　　3. Ils marchent vite. （倒置疑問文に）

　　_____

3. 否定文

◇動詞を ne (n') と pas ではさむと否定文になります。

Je n'aime pas le poisson.

【練習 3】 次の文章を否定文にしてみよう！

　　1. Tu cuisines souvent.　　_____

　　2. Vous travaillez beaucoup.　　_____

　　3. Ils marchent vite.　　_____

ACTIVITÉ

 I 音声を聞いて、（　）内に入る言葉を聞き取ってみよう！

（32）

① J'(　　　　　　　　　　) la bière.

② Nous (　　　　　　　　　　) dans un café.

③ Elles (　　　　　　　　　　) français.

 II 次の文章に否定文で答えてみよう！

（33）

① Vous cuisinez bien ?

_____

② Est-ce que vous travaillez dans un restaurant ?

_____

③ Parlez-vous chinois ?

_____

④ Vous travaillez le dimanche ?　＊le dimanche：毎週日曜に

_____

⑤ Vous aimez les escargots ?

_____

Vocabulaire

―（飲み物）―

vin (*m.*) ワイン	bière (*f.*) ビール	champagne (*m.*) シャンパン
panaché (*m.*) パナシェ	monaco (*m.*) モナコ	liqueur (*f.*) リキュール
sirop (*m.*) シロップ	thé (*m.*) お茶	café (*m.*) コーヒー
lait (*m.*) 牛乳	chocolat (*m.*) ココア	jus (*m.*) ジュース
eau minérale (*f.*) ミネラルウォーター	tisane (*f.*) / infusion (*f.*) ハーブティー	

CIVILI-SATION C

〈 海の幸 (Fruits de mer) 〉

フランスで有名な海の幸といえば、何と言っても牡蠣 (huître)！ 街中のオイスターバーでは、エカイエ (l'écailler) が牡蠣を選んで、殻を開けてくれます。フランスでは、R のつかない月、5月 (mai)、6月 (juin)、7月 (juillet)、8月 (août) は、牡蠣を食べてはいけない、とよく言われます。食中毒を起こしやすいから牡蠣は食べてはいけないのですね。

料理でよく使われる食材のフランス語には面白いものがたくさんあります。まずは人の名前がついているもの。有名なのは Coquille Saint Jacques。Coquille は「貝」という意味ですが、Saint Jacques（聖ヤコブ）で「ホタテ」の意味があります。ホタテは『聖書』に出てくる聖ヤコブの象徴です。聖地サンチャゴ・デ・コンポステーラへの巡礼の道を指し示すのにも、ホタテが使われているので、フランスでも街中でホタテを見かけるかもしれません。ほかに人の名前がついてるのは、Saint Pierre（聖ペトロ）。「マトウダイ」の意味で、よくムニエルにする魚ですね。これも『聖書』に出てくる聖ペトロという人物に由来するものです。

イメージから推測できるものもたくさんありますから、どんな食材だか当ててみてください。Loup de mer、cigale de mer、araignée de mer、anguille de mer、oreille de mer、diable de mer。それぞれ、直訳すると海のオオカミ、海のセミ、海のクモ、海のうなぎ、海の耳、海の悪魔。「海の〜シリーズ」以外にも、crabe des neiges（雪のカニ）、crabe de cocotier（ココナッツのカニ）などがあります。

loup de mer ナマズ　cigale de mer シャコ　araignée de mer ズワイガニ
anguille de mer アナゴ　oreille de mer アワビ　diable de mer アンコウ
crabe des neiges タラバガニ　crabe de cocotier ヤシガニ

Au travail !

次のメニューを日本語に訳してみよう！

Menu

Entrée
Salade de légumes croquants

Plat
Filets de lièvre aux champignons des bois
ou
Homard rôti, sauce béarnaise

Dessert
Glace à la vanille

＊ bois (*m.*)：野生、森

 **Grammaire**

à は「〜風味」、「〜入りの」、「〜添え」
de は「（材料）の」、「（場所）の」といった意味があります。

（34） 定冠詞の le, les と前置詞の à、de は縮約する場合があります。【縮約形】

à ＋ le → au	un café au lait	（カフェオレ）
à ＋ les → aux	une tarte aux fraises	（イチゴのタルト）
de ＋ le → du	des perles du Japon	（タピオカ）
de ＋ les → des	une salade des tropiques	（南国風サラダ）

「〜風」と言いたいときは、à la ＋ 地名を表す形容詞の女性形

à la bourguignonne　　　à l'alsacienne

※「地方名の形容詞」
Bourgogne → 【形容詞】男性形：bourguignon　女性形：bourguignonne

【練習】 1. リンゴのタルト　　　2. 森のラズベリー　　　3. アルザス風シュークルート

 **Défi !** 次の料理名を日本語に訳してみよう！

～ les plats ～

Homards flambés au cognac

Saumon mariné aux épices

Bœuf braisé à la normande

Gigot d'agneau fumé à la moutarde de Dijon

Escalopes de dinde panées au parmesan

 **Grammaire**

er 動詞の -er を é に変えると過去分詞になります。
この過去分詞は形容詞として用いる場合があります。
動詞は er 動詞以外にもたくさんあります。ir で終わる動詞は最後の r を取ると過去分詞になります。
ほかにも不規則活用をする動詞があるので辞書で調べてみてください。

例 griller（焼く）→ grillé（焼かれた）　　farcir（詰める）→ farci（詰めものをした）

これまでならったことを組み合わせると、フランス語で料理名を作ることができるよ。オリジナリティあふれる料理名を考えてみよう！！

地方名の形容詞については p. 81 を参照してみてね！！

C'est pratique !

🎧35 謝るときの表現

Pardon ! 失礼！
すれ違いざまにちょっとぶつかったりしたときなど。

Excusez-moi. すみません。
尋ねるときなど。pardon よりも丁寧。

Je suis désolé(e). ごめんなさい。
過失を詫びるとき。

Je me suis trompé(e). 間違えました。
間違いを認めるとき。

逆に、自分の過失ではないことを主張したいときは…
→ **Ce n'est pas (de) ma faute.** 私のせいではありません。

これも覚えよう！！

● 数字 21 – 60

🎧36

21	vingt et un	22	vingt-deux
23	vingt-trois	24	vingt-quatre
30	trente	40	quarante
50	cinquante	60	soixante

CIVILI-SATION Ⓓ

＜映画の中のフランス料理 (Cuisine au cinéma)＞

フランス料理をテーマにした映画はたくさんあります。いろいろ探してみてください。中でもおすすめは『大統領の料理人』(2012 年)。実話を元にした映画で、主人公は、題名の通り大統領お抱えの料理人。映画の中に出てくる料理がどれも美味しそうだから注目してみてください。フランス料理やフランス語を学んでいる人たちならば、この映画の楽しさがよりわかるはずです。

この物語のキーとなるのが、お菓子の名前。「サントノレ (Saint-Honoré)」はみなさん知っていますよね。サクサクのパイ生地にたっぷりと生クリーム（フランス語ではシャンティイー Chantilly、生クリーム誕生の地の名前）がのったお菓子です。この「サントノレ」という名前の由来は諸説ありますが、パリのサン＝トノレ通りにあったお菓子屋さんが初めて作ったからという話があります。じつは、このサン＝トノレ通りの 55 番地が、何を隠そう大統領官邸のエリゼ宮がある場所なのです。

映画を読み解く上でもう一つのヒントは題名。フランス語の題名は《 Les Saveurs du Palais 》。直訳すると、「官邸の味」という意味になります。けれども、辞書で saveur という言葉を引いてみると、「味」という意味のほかに、「物事の味わい」や「面白味」という意味があることがわかります。palais については、「官邸」とか「宮殿」のほかに、「口蓋」や「味覚」という意味が出てきます。つまり、この映画は、官邸の料理人の話であると同時に、味覚をめぐる味わいのある話であることが、題名の中にほのめかされているのです。料理もそうですが、言葉の使い方もよく噛みしめると味わい深いですね。

▲▶ サントノレ (Saint-Honoré)

▲ 『大統領の料理人』
Les Saveurs du Palais ©2012 –
Armada Films- Vendome Production
–Wild Bunch – France 2 Cinema

LEÇON 4

Vous avez une réservation ?

予約してますか？

Takeshi	:	**Bonsoir !**
Serveur	:	**Bonsoir monsieur, vous avez une réservation ?**
Takeshi	:	**Oui, au nom de Takeda.**
Serveur	:	**Monsieur Takeshi Takeda pour deux couverts à 19h.**
		C'est bien vous ?
Takeshi	:	**Oui, c'est nous.**
Serveur	:	**Très bien, par ici, s'il vous plaît. Voici votre place.**
Takeshi	:	**Ah, c'est parfait !**

Quiche aux épinards et aux lardons

au nom de ～	：～の名前で
par ici	：こちらを通って
C'est parfait.	：完璧です。
votre	：あなたの

 コラム

▶C'est noté !

レストランを予約するときにも、« C'est » が使えるよ。

　いつのご予約ですか？　**C'est pour quand ?**

　何名様ですか？　　　　**C'est pour combien de personnes ?**

と聞かれたら、予約したい日時と人数を伝えよう。予約が完了したら

　C'est noté !

と言われるはずだよ！

EXPRESSION を使ってみよう！ ①

> ## Vous avez 〜 ?
> 〜はありますか？（〜を持っていますか？）

1. ビーツはありますか？　　Vous avez des （　　　　　　　　）?

2. アスパラガスはありますか？　Vous avez des （　　　　　　　　）?

3. ナスはありますか？　　Vous avez des （　　　　　　　　）?

EXPRESSION を使ってみよう！ ②

例 なべはありますか？　— はい、なべを持っています。

Vous avez une casserole ?　— Oui, j'ai une casserole.

1. はかり　balance (f.)　_____

2. 包丁　couteau (m.)　_____

3. はさみ　ciseaux (m. pl.)　_____

主語にふさわしい形にしてみよう！

1. Ils (avoir) sommeil.

　_____

2. Il y (avoir) des huîtres.

　_____

3. Nous (avoir) beaucoup de pommes.

　_____

4. Est-ce que vous (avoir) de l'eau ?

　_____

5. (Avoir)-tu du beurre ?

　_____

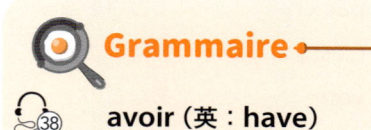

Grammaire

🎧38　avoir （英：have）

j'ai	nous avons
tu as	vous avez
il a	ils ont
elle a	elles ont

ACTIVITÉ

 I タケシはレストランで食事をすることができませんでした。なぜでしょうか？ 音声を聞いて答えを選んでね！

 39

Serveur : Bonjour ! Vous avez une réservation ?

Takeshi : Non, on n'a pas de réservation.

Serveur : _____

① Il y a une place ici, mais c'est réservé.
② Désolé, c'est complet.
③ Ce soir, c'est privatisé !

 II となりの人とペアになって、レストランの予約をしてみよう。つぎのダイアローグを参考にしてね！

 40

A : Je voudrais réserver une table pour ce soir. Deux personnes à 20 heures, c'est possible ?

B : Oui, c'est possible.
Vous êtes monsieur ?

A : Takeda. Takeshi Takeda.

B : Monsieur Takeshi Takeda, pour deux à 20h. C'est noté !

① 月曜の18時に3名　　② あさっての19時に10名

 III ダイアローグにある会話を練習しよう。

予約している場合と予約していない場合の両方をやってみよう。

Vocabulaire

―（日にち、曜日）―

cet après-midi 今日の午後		ce soir 今晩	
hier 昨日	avant-hier おととい	demain 明日	après-demain あさって
lundi 月曜	mardi 火曜	mercredi 水曜	jeudi 木曜
vendredi 金曜	samedi 土曜	dimanche 日曜	
ouvert 開店中	fermé 閉店中	privatisé 貸切中	complet 満員

CIVILI-SATION

＜レストラン (Restaurant)＞

私たちがよく使う食に関する言葉の中には、フランス語に由来するものがたくさんあります。「レストラン」、「カフェ」、「パン」といった言葉はぜんぶフランス語から来ています。「レストラン」といえば、日本でもフランスでも食事を注文して食べる場所のことですが、もともとはスープの名前だったって知ってましたか？ 18世紀のおわりごろ、長旅をする人たちのために宿主が出していた「元気回復ブイヨン」をレストランと呼んでいたんです。それからだんだんと、食事をとる場所へと変化していったんですね。レストランのほかにもビストロ、カフェ、ブラッスリーなど食事ができる場所はいろいろありますね。違いはなんでしょう？

答えは、フランス語の語源にあります。「ビストロ」の由来についてはさまざまな説があって、ロシア語の「速い」から来たとか「キャバレー」の俗語から来たと言われています。もともとはお酒も飲める小さくておしゃれなカフェを表す言葉だったので、今でもビストロといえば、たいてい小さなレストランを指すことが多いです。ブラッスリーは、じつはレストランとは関係なく、「ビール屋」のことを意味していました。19世紀に入ってからはビールやアルコールの飲めるカフェ・レストランとして使われはじめ、今でもカジュアルなレストランの名前に使われます。それではカフェは？ カフェには長い歴史があります。コーヒーを飲む場所として一番はじめにできたのはなんと17世紀！当時は政治家や文人がコーヒーを飲みながら会話を楽しむところでした。現在もお茶をするところとして使われますが、古くからある老舗のカフェは食事もできるのでほぼレストランと変わりません。1678年からあるフランス最古のカフェ「プロコープ（Procope）」も、今は高級レストランとして残っています。

▼フランス最古のカフェ『Procope』

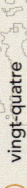

LEÇON 5

Je vais prendre la salade niçoise.

ニース風サラダをください。

citrouille
carotte
tomates cerises
tomate
épinard

Serveur	:	Alors ? Je vous écoute.
Chloé	:	Je vais prendre la salade niçoise et l'entrecôte à la provençale.
Takeshi	:	Pour moi, les escargots à la bourguignonne et le confit de canard, s'il vous plaît.
Serveur	:	Très bien. La cuisson pour l'entrecôte : bleue, saignante, à point ou bien cuite ?
Chloé	:	À point, s'il vous plaît.
Serveur	:	Très bien. Et comme boisson ?
Takeshi	:	On va prendre une bouteille de rouge… Un Mercurey, s'il vous plaît.
Serveur	:	Entendu.

Je vous écoute.	：お伺いします。
Très bien.	：わかりました。
Entendu.	：承知しました。

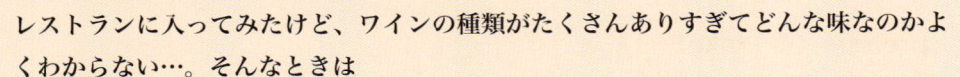

コラム

▶C'est comment ? 🍄

レストランに入ってみたけど、ワインの種類がたくさんありすぎてどんな味なのかよくわからない…。そんなときは

　C'est comment ?

と聞いてみよう！ 試してみたいワインの名前のあとに、さりげなく **C'est comment ?** と聞くと、どんな感じか説明してくれるよ！

EXPRESSION を使ってみよう！ ①

> ## Je vais prendre 〜 .
> 〜をください。

1. 赤ワインのグラスをください。 Je vais prendre un verre de (　　　　　　　　).
2. 日替わりメニューをください。 Je vais prendre le (　　　　　　) du jour.
3. 15 ユーロの定食をください。 Je vais prendre le (　　　　　) à 15 euros.

主語にふさわしい形にしてみよう！

1. Je (aller) prendre une crêpe flambée au Cointreau. _____
2. Vous (prendre) une omelette aux morilles ? _____
3. Nous (venir) d'éplucher des pommes de terre. _____

🍳 Grammaire

🎧 42 **aller（英：go）**

je	vais	nous	allons
tu	vas	vous	allez
il	va	ils	vont
elle	va	elles	vont

venir（英：come）

je	viens	nous	venons
tu	viens	vous	venez
il	vient	ils	viennent
elle	vient	elles	viennent

prendre（英：take）

je	prends	nous	prenons
tu	prends	vous	prenez
il	prend	ils	prennent
elle	prend	elles	prennent

🎧 43

◇ aller ＋ à で「〜へ行く」という意味です。

◇ aller ＋動詞の原形で「これから〜をする」という意味の文が作れます。

例 **Je vais décortiquer des noix.**
これからクルミの殻をむくよ。

　主語が tu や vous のとき、命令の意味になるから注意してください。

例 **Tu vas poêler les escalopes de dinde !**
七面鳥の薄切りをポワレして。

◇ venir de ＋動詞の原形で「〜したばかり」という意味になります。

例 **Je viens de manger.**
食べたばかりなんだ。

例 **Je prends la salade aux gésiers.**
砂ぎも入りのサラダをお願いします。

ACTIVITÉ

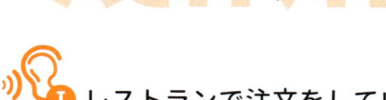 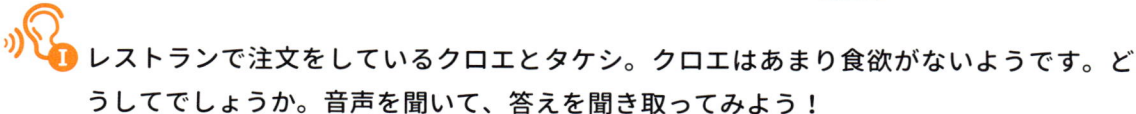

 I レストランで注文をしているクロエとタケシ。クロエはあまり食欲がないようです。どうしてでしょうか。音声を聞いて、答えを聞き取ってみよう！

(44)

Takeshi : Alors... je prends la poularde aux morilles, s'il vous plaît.

Serveur : Une poularde aux morilles. Et pour vous, madame ?

Chloé : Je vais prendre la petite salade périgourdine.

Takeshi : Tu ne manges pas ?

Chloé : Je n'ai pas très faim. (   )

    ① Je viens de manger.
    ② Je viens de commencer un régime.
    ③ Je viens de prendre un café.

 II となりの人とペアになって、注文してみよう！ 次のダイアローグを参考にしてね！

(45)

A : Je vous écoute.

B : Je vais prendre le velouté de fèves et la sole meunière.

A : Et comme boisson ?

B : Un verre de Pouilly-fumé, s'il vous plaît.

A : Entendu.

    ① 季節のテリーヌと仔羊のコトレット (la terrine de saison et la côtelette d'agneau)・ブルゴーニュのボトル (une bouteille de Bourgogne)
    ② アーティチョークと鯛のグリル (le filet de daurade grillé aux artichauts)・カラフェの水 (une carafe d'eau)

 III ダイアローグにある会話を練習しよう。

Vocabulaire
―（メニュー）―

menu (m.) コース	carte (f.) メニュー （à la carte 単品で）	entrée (f.) 前菜
plat (m.) メイン （plat du jour 日替わりメニュー）		dessert (m.) デザート
bœuf (m.) 牛肉 porc (m.) 豚肉	volaille (f.) 鳥肉	agneau (m.) 羊肉
lapin (m.) ウサギ pigeon (m.) 鳩	canard (m.) 鴨	
menu du midi ランチコース	menu du soir 夜のコース	
menu végan ヴィーガンメニュー	menu végétarien ヴェジタリアンメニュー	

CIVILI-SATION Ⓕ

＜ガイドブック (Guide touristique)＞

レストランのガイドブックと言えば『ミシュラン』(Michelin) ですが、ミシュランはタイヤの会社だって知っていましたか？

フランス発のレストランガイド『ミシュラン』はもともとはレストランのガイドブックではありませんでした。

よく知られている赤いミシュランのガイドブックは、じつは100年以上も前に誕生しました。最初は、タイヤを売るために、「旅行ガイドを作ったらどうかな」というアイディアがきっかけでした。タイヤをもっと売るために、まずは車で移動する人を増やそう！ということだったんですね。はじめはガソリンスタンドや名所がメインの情報で、宿泊施設や地方料理を提供するレストランの欄ができました。「寄り道する価値のあるレストラン」に星をつけるシステムが追加されたころから赤い表紙になります。旅行ガイドとしての『ミシュラン』は表紙が緑でしたので、フランスではレストランガイドの『ミシュラン』のことを今でも『赤いミシュラン』(Michelin rouge) と呼ぶんですよ！

それから1960年ごろ、ヌーヴェル・キュイジーヌをもっと評価しよう！という動きが生まれて、『ミシュラン』に対抗した新しいガイドが誕生します。それが『ゴ・エ・ミヨ』(Gault et Millau) です。黄色い表紙が目印のこのガイドブックは、星ではなくコック帽印で格付けされます。

▲ ミシュランガイド
東京 2019
© MICHELIN

▲ ゴ・エ・ミヨ
2019 (Gault&Millau)

ところで、ミシュランのマスコットの名前って…？

答えは「ビバンダム (Bibendum)」。むくむくした白いおばけのようですが、じつはタイヤをイメージしたキャラクターなんですよ！

LEÇON 6

Vous avez pris un dessert ?

デザートを注文しましたか？

Serveur :	**Vous avez pris un dessert ?**
Chloé :	**Non, c'est bon pour nous.**
Serveur :	**Vous avez terminé ?**
Takeshi :	**Oui.**
Serveur :	**Ça a été ?**
Takeshi :	**Très bien. L'addition, s'il vous plaît.**
Serveur :	**J'arrive tout de suite.**

****

Serveur :	**Vous payez comment ?**
Chloé :	**Mince ! J'ai oublié mon portefeuille.**
Takeshi :	**Pas de problème. Je vais payer par carte.**
Serveur :	**D'accord. Et voici votre ticket !**

Gâteau mousse au chocolat

Pas de problème.	：問題ありません。
tout de suite	：すぐに
Mince !	：しまった！
pour nous	：私たちには

コラム

▶C'est bon !

ダイアローグでクロエが「私たちはデザートいりません Non, c'est bon pour nous.」って言っているけど、そうすると、ここでは《 C'est bon. 》って「おいしい！」って意味じゃないよね。《 C'est bon. 》はいろんなシチュエーションで使われるんだ。「片づけていいですか？」っていうときにも、怒っているとき「いい加減にして、もういい？」っていうときにも使われるから、イントネーションが大切だよ！！

EXPRESSION を使ってみよう！！ ①

> ## Vous avez pris un dessert ?
> デザートを注文しましたか？

1. コースを注文しましたか？　　Vous avez pris un (　　　　　　) ?
2. ワインを一本注文しましたか？　Vous avez pris une bouteille de (　　　　　　) ?
3. チーズを一片注文しましたか？　Vous avez pris un morceau de (　　　　　　) ?

（　）内の動詞を変化させて過去の文章を作ってみよう！

1. アイス頼んだの？

   Tu (prendre) une glace ?

   _____

2. ルバーブのタルトを食べました。

   Je (manger) une tarte à la rhubarbe.

   _____

3. 私たちはスパイスを買いました。

   Nous (acheter) des épices.

   _____

🍳 Grammaire

1. 複合過去
avoir (être) ＋過去分詞で過去の出来事、経験、現在までに完了していることがらを表す。
移動を表す動詞の複合過去には助動詞に être を用い、主語に合わせて性数一致する。

2. 過去分詞
過去分詞は次の3つのグループがあります。
　　グループ1（er 動詞）：語尾の er を é に変える。　　例 manger → mangé
　　グループ2（ir 動詞）：語尾の ir を i に変える。　　例 choisir → choisi
　　グループ3（不規則動詞）：être → été　avoir → eu　venir → venu　faire → fait _etc._

1. 食べましたか？（manger）　　　　　Vous avez (　　　　) ?
2. 決まりましたか？（choisir）　　　　Vous avez (　　　　) ?
3. 支払いましたか？（payer）　　　　　Vous avez (　　　　) ?
4. ソムリエを雇いましたか（embaucher）？　Vous avez (　　　　) un sommelier ?
5. ニンジンを千切りにしましたか（couper）？
　　　　　　　　　　　　　　　Vous avez (　　　　) les carottes en julienne ?

ACTIVITÉ

 クロエとタケシは支払いを終えてこれからレストランを出ます。二人はどうやって支払ったのでしょうか。音声を聞いて答えを選んでみよう！

Serveur : Ça fait 45 euros, s'il vous plaît. Vous payez comment ?

Chloé : Vous prenez la carte ?

Serveur : Oui, bien sûr.

Takeshi : Ah, non Chloé, on va payer séparément !

Chloé : Non non, (   ).
Par carte, s'il vous plaît.

 ① je n'ai pas de liquide aujourd'hui
 ② tu m'invites une prochaine fois
 ③ c'est ton anniversaire. Je t'invite aujourd'hui

 となりの人とペアになって、お会計をしてみよう。つぎのダイアローグを参考にしてね！

A : Madame, s'il vous plaît !

B : J'arrive tout de suite.

A : L'addition, s'il vous plaît.

B : Vous réglez comment ?

A : Je paie avec des tickets restaurant.

 ① カード
 ② 現金で別々に

 ダイアローグにある会話を練習しよう。

Vocabulaire

―〈支払い〉―

par carte カードで   par virement 振込で   en espèces 現金で

par chèque 小切手で   avec des tickets restaurant レストランチケットで

ensemble 一緒に   séparément 別々に   paiement (m.) 支払い

signature (f.) サイン   ticket (m.) レシート   reçu (m.) 領収書

R.I.B. (Relevé d'identité bancaire) 口座番号

CIVILI-SATION

G

< パティスリー >
(Pâtisserie)

▲ ストレールのババ・オ・ラム
(Baba au rhum)

初めてレストランが誕生した街、パリ。多くの老舗が軒を連ねるなか、300年以上も続くパティスリーがあります。その名は「ストレール (Stohrer)」。パリで最も古いお菓子屋さんです。創業はなんと1730年。でも、「ストレール」ってフランス語らしくない響きだと思いませんか。それもそのはず、じつはこのお店はポーランド人がはじめたからなんです。「ストレール」誕生の背景には、フランス王家との深い関わりがあります。

時は1725年、フランス国王ルイ15世 (Louis XV) とポーランド王の愛娘マリー・レグザンスカ (Marie Leszczynska) が結婚。政略結婚では稀に見るおしどり夫婦でしたが、10年も経つとルイ15世は愛人たちとばかり過ごすようになってしまいます。一人で過ごすことが多くなったマリーは、慈善活動に精を出すなか、食べることで気を紛らわすようになりました。食いしん坊の彼女のおかげで誕生した料理は今でもたくさん残っていますが、一番有名なレシピは「ブーシェ・ア・ラ・レーヌ (Bouchée à la reine)」でしょう。サクサクのパイ生地の中に肉ときのこのクリームソースを流し込んだこの料理は、マリーの大好物でした。

一度に牡蠣を100個以上も食べて死にかけたことすらあるマリーが愛したのは、甘いものでした。マリーがフランス王家に嫁ぐときには、父スタニスラス・レグザンスキー (Stanislas Leszczynski) の料理人ニコラ・ストレールも一緒に連れて来ました。そのニコラ・ストレールがパリに来て開業したのが、今も残るパティスリー「ストレール」です。このお店の名物は、なんといっても「ババ・オ・ラム (Baba au rhum)」！「ババ・オ・ラム」の発明者は、じつはこのストレールなんです。きっかけは、歯の悪かったマリーの父スタニスラスのために、好物のクグロフを甘いワインに浸して食べやすくしたことでした。やがてワインはラム酒にかわり、今私たちの知っている「ババ・オ・ラム」のレシピが定着していきました。はじめはクグロフ型でしたが、今は丸型が主流です。「ババ」の由来はいろいろあって、ポーランド語で「スカート」や「おばさん」を意味する「バブカ」から来たとか、トルコ語の「ババ」がなまったものだとか、スタニスラスの愛した『千夜一夜物語』のアリ・ババから取られたとも言われています。

(50)

Takeshi : **Bonjour monsieur ! Je voudrais une glace, s'il vous plaît.**

Serveur : **Désolé. Il n'y a pas de glace chez nous. Nous n'avons que des sorbets.**

Takeshi : **Et vous avez quels parfums ?**

Serveur : **Nous avons fraise, menthe, citron, mangue et coco.**

Takeshi : **Un sorbet à la menthe, alors.**

Serveur : **Tout de suite.**

parfum：（アイスなどの）味

 **Grammaire**

疑問形容詞 quel

	単数	複数
男性	quel	quels
女性	quelle	quelles

名詞に合わせて上の表のように変化します。

否定の de

　否定文の中では、直接目的語につく不定冠詞あるいは部分冠詞が（ゼロであることを表す）de に変わります。

(51) Vous avez des couteaux ?

— Non, je n'ai pas de couteaux.

Il y a une place ici ?

— Non, il n'y a plus de place ici.

＊ ne … plus：もう〜ない

 **Défi !**

（　）内に疑問形容詞 quel を適当な形にして入れて、答えも考えてみよう！

 (52)

1. (　　　　　) est votre nom, madame/monsieur ?

お名前は何ですか？

> **Nom**
> M.Takeda　**Numéro de table**　**29**
>
> Crème chiboust
> Mont-Blanc
> Savarin

2. C'est (　　　　　) table ?

何番テーブルですか？

3. (　　　　　) gâteaux aimez-vous ?

どのケーキが好きですか？

☆ **時間の表し方**

midi / minuit
正午 / 真夜中

moins
〜分前（マイナス）

heure	時
minute	分
seconde	秒

quart
15 分（4 分の 1）

demie
30 分（半分）

 (53)　2 時半 deux heures et demie　　　6 時 45 分（7 時 15 分前）sept heures moins le quart

17 時 5 分 dix-sept heures cinq　　　7 時 55 分（8 時 5 分前）huit heures moins cinq

時間を尋ねてみよう！

例 Il est quelle heure ? — Il est trois heures et demie.

① 6h　　② 3h 12　　③ 9h 30　　④ 10h45

C'est pratique !

場所に関する表現

下線部を枠内の言葉に入れ替えて会話をしてみよう！

(54) Takeshi : Excusez-moi, où sont les toilettes ?

Serveur : C'est tout au fond du couloir.

Takeshi : Merci monsieur.

> là-bas そこに　　au sous-sol 地下に　　à l'arrière うしろに

☆ その他の便利な表現

Où est 〜 le/la plus proche ?　　一番近くの〜はどこですか？

Où est-ce qu'il y a 〜 ?　　〜はどこにありますか？

Comment je peux aller à 〜 ?　　〜まではどうやっていけばいいですか？

(55) Je suis perdu(e).　　迷いました。

Tournez à gauche.　　左に曲がってください。

Tournez à droite.　　右に曲がってください。

Allez tout droit.　　まっすぐにいってください。

これも覚えよう！！

● 数字 70 – 100

(56)

70 soixante-dix	71 soixante et onze	72 soixante-douze
80 quatre-vingts	81 quatre-vingt-un	82 quatre-vingt-deux
90 quatre-vingt-dix	91 quatre-vingt-onze	92 quatre-vingt-douze
98 quatre-vingt-dix-huit	99 quatre-vingt-dix-neuf	100 cent

CIVILI-SATION H

<シャンパーニュ>
(Champagne)

結婚式やお祝いなど、特別な機会に必ず出されるお酒といえばシャンパーニュ（champagne）。日常会話でも、おめでたいことがあった時に「おめでとう！　やったね！」という意味で《 Champagne ！ 》と言ったりもします。

　日本語では「シャンパン」という名称が一般的ですが、フランス語では「シャンパーニュ」と発音するので注意！　ボルドーやブルゴーニュと同じように、シャンパーニュも地方の名前がそのままワインの種類として登録されています。

　でもシャンパーニュって、白ワインがしゅわしゅわしているだけじゃないの？　いいえ、じつは普通のワインよりもずっと手間のかかるお酒なんです！　使われるブドウの品種は三つ。ピノ・ムニエ（pinot meunier）、ピノ・ノワール（pinot noir）とシャルドネ（chardonnay）。このうちピノ・ノワールだけが赤ブドウですが、果汁だけを使うのでシャンパンの色は白。シャルドネだけで作られたシャンパーニュはブラン・ド・ブラン（blanc de blanc）、ピノ・ノワールだけでつくられたものはブラン・ド・ノワール（blanc de noir）と呼びます。すべて手作業で摘まれたブドウだけで作られています。

　集められたブドウの果汁は、品種と採れた場所ごとに分けられ、まずは通常のワインと同じように一次発酵させます。発酵が終わると、今度はワインを混ぜ合わせるアッサンブラージュという作業（assemblage）が待っています。さらに、酵母と砂糖を加えて二次発酵させます。すると泡とともに酵母の澱が瓶の中に溜まります。この澱を効率よく瓶の外へ出すためには…毎日瓶を回さないといけません（remuage）。最近は自動回転機の導入が進んでいますが、今でも昔ながらの作り方を守っている農家では職人が1日一回、一ヶ月半かけて手で回しているんです！

　良質なブドウが採れた年だけ作られるミレジム（millésime）は、お店に並ぶまでに10年以上かかることも。自分の生まれた年のボトルはあるかな？

LEÇON 7

Il faut des œufs et du beurre.

卵とバターが必要なんだ。

 (57)

Takeshi : **Il faut des œufs et du beurre.**

Chloé : **Qu'est-ce que tu veux faire avec ?**

Takeshi : **Je veux faire un gâteau !**

Chloé : **Ah, c'est une bonne idée. Allez, c'est parti !**

Omelette de la Mère Poulard

veux < vouloir	：～したい
C'est une bonne idée !	：いい考えね！
C'est parti !	：行こう！

コラム

▶C'est bien !

慣れない外国語で意思表示をするのはなかなか難しいよね。そんな時にも《 C'est 》が使えるよ！ダイアローグのなかでは、クロエ が「いい考えね！C'est une bonne idée !」って言ってるけど、ほかにも「いいね！C'est bien !」とか「悪くないね！C'est pas mal !」といった言い方も頻繁に使われるよ。ぜひ覚えておいてね！

EXPRESSION を使ってみよう！ ❶

例 **Il faut des légumes.**

野菜が必要です。

1. 果物（des fruits）が必要です。　　_____

2. パセリ（du persil）が必要です。　_____

3. 塩（du sel）が必要です。　　　　_____

EXPRESSION を使ってみよう！ ❷

例 **Il faut préchauffer le four.**

オーブンを温めておかなければなりません。

1. ソース（la sauce (f.)）を準備する（préparer）　_____

2. パセリをみじん切りにする（hacher）　_____

3. ヒメジ（les rougets (m. pl.)）を焼く（griller）　_____

主語にふさわしい形にしてみよう！ ❶

1. Je (faire) le ménage.

   _____

2. Mes parents (faire) les courses.

   _____

3. Qu'est-ce que vous (faire) ?

   _____

主語にふさわしい形にしてみよう！ ❷

1. (Pouvoir)-vous répéter, s'il vous plaît ?

   _____

2. Nous (vouloir) devenir cuisiniers.

   _____

3. Qu'est-ce que vous (vouloir) ?

   _____

🍳 Grammaire

🎧58 **faire（過去分詞：fait）**

je	fais	nous	faisons
tu	fais	vous	faites
il	fait	ils	font
elle	fait	elles	font

pouvoir（過去分詞：pu）

je	peux	nous	pouvons
tu	peux	vous	pouvez
il	peut	ils	peuvent
elle	peut	elles	peuvent

＊pouvoir や vouloir のあとには動詞の活用していない形（原形）が来ます。

ACTIVITÉ

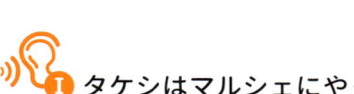

I タケシはマルシェにやってきました。タケシは何を買いたいのでしょうか？ 音声を聞いて答えを選んでね！　＊（　）内には同じ選択肢が入ります。

59 Marchand： Bonjour monsieur ! Qu'est-ce qu'il vous faut ?

Takeshi： Il me faut (　　　　　　　　　　　).

Marchand： Vous voulez goûter ?

Takeshi： Volontiers ! Umm, c'est très bon !

Marchand： Voilà (　　　　　　　　　　) pour vous !

Takeshi： Merci !

> vous：あなたに
> me：私に

① trois melons　　② du beurre　　③ deux daurades

II となりの人とペアになって、買い物をしてみよう！ 次のダイアローグを参考にしてね！

60 A： Bonjour madame ! Je peux vous aider ?

B： Oui, il me faut cinq soles.

A： Ah, il n'y en a plus ! Il faut réserver !

> il n'y en a plus !：もうないよ！

① ホタテ（des noix de coquille Saint-Jacques）を 25 個
② 仔牛の薄切り肉（des escalopes de veau）を 10 枚
③ キッシュ（une quiche）を作るための生クリーム（de la crème fraîche）

III ダイアローグの会話を練習しよう。
マルシェで買う予定の具材で何を作るのかも聞いてみよう！

Vocabulaire

― （形）―

carré (*m.*) 正方形	cercle (*m.*) 円	cône (*m.*) 三角錐	couronne (*f.*) 冠
cube (*m.*) 立方体	rectangle (*m.*) 長方形	triangle (*m.*) 三角形	cru 生の
cuit 火を通した	dur 硬い	épais（女性形：épaisse）厚い	
mûr 熟した	plat 平たい	fin 繊細な、上質の、薄い	
frais（女性形：fraîche）新鮮な		mince 薄い	
gras（女性形：grasse）脂身の多い、太った		mou（女性形：molle）やわらかい	

CIVILI-SATION

I

＜ラベル
(Appellation)＞

食材を選ぶときに重要なのは、鮮度や色、季節など、いろいろありますね。農業大国でもあるフランスは、特産品を保護するためにたくさんの工夫をしています。その一つがラベリング。フランス語ではラベルのことをアペラシオン（Appellation）と呼びます。どんなものがあるか見てみましょう！

まずはフランスのアペラシオンの中では最も基準が厳しいラベル、「アー・オー・セー」A.O.C.(Appellation d'Origine Contrôlée)。フランスの特定の地域で、伝統的な製法を守っている食材や食品にしかつけることができません。たとえばノルマンディーのカマンベールやリムーザンのリンゴなど。日本でも馴染みのあるシャンパン、ボルドー、ブルゴーニュなどはどれも地域ごとに決められたブドウ種から作られていて、A.O.C. で保護されています。今はヨーロッパ全体にこのラベリングが広まって、フランス国外の特産品にも A.O.P. (Appellation d'Origine Protégée) というラベルがつけられています。

もう一つよく目にするマークが I.G.P. (Indications Géographiques Protégées)。A.O.P. のマークと色違いですが、I.G.P. は青いのが目印です。これは作られている食品の一部が特定の場所で作られていることを保証するマーク。たとえばグリュイエールチーズは、サヴォア地方とフランシュ・コンテ地方で生産されなければ「グリュイエールチーズ」と呼んではいけないんです。ただし、加工食品の場合は材料の一つや作られる過程の一部が指定された地域で作られていれば良いので、A.O.C. や A.O.P. よりもずっと規制が緩やか。必ずしも素材すべてがその地方から来たものではないので注意しましょう。

買い物に行ったらお肉のコーナーで見かけるのがラベル・ルージュ（Label Rouge）。大量生産される肉と差別化をはかるため 1960 年代に考案されました。このラベルは、放し飼いや穀物での飼育など、昔ながらの方法で飼育された家畜の肉に与えられるので、品質が良いことを証明するマークでもあります。今でも肉製品で見かけることが多いのですが、他の食品にも適応されています。

こうしたラベルを見かけたら、どこから来たか、どうやって作られたのかなど、チェックしてみてくださいね。

▼ ワイン「シャトー・マルゴー」のラベル
「APPELATION MARGAUX CONTROLÉE」と表示

LEÇON 8

J'ai besoin de pêches plus petites.

もっと小さい桃がいいんですが。

Takeshi	:	Bonjour monsieur ! Vous avez des pêches ?
Marchand	:	Oui, bien sûr. Elles sont là.
Takeshi	:	J'ai besoin de pêches plus petites et plus mûres.
Marchand	:	Alors, j'ai des pêches plates. C'est la meilleure saison en ce moment. Par contre, elles sont plus chères !
Takeshi	:	Ce n'est pas grave. Je prends ça !
Marchand	:	Avec ceci ?
Takeshi	:	C'est tout. C'est combien ?
Marchand	:	Ça fait 20 euros.

fraise — kiwi — poire — raisin

bien sûr	：もちろん	cher（女性形：chère）	：高い
avoir besoin de	：〜が必要だ	Ce n'est pas grave.	
C'est la meilleure saison			：問題ないよ。
en ce moment.	：今が旬です。	Avec ceci ?	：他には？
par contre	：だけど	C'est tout.	：以上です。

▶C'est pas grave ! 　　コラム

« C'est » を否定文にすると、« Ce n'est pas » になるよね。会話ではじつは « ne » をよく省略して、「問題ないよ！ C'est pas grave !」と言うことがあるんだ。だから、「高くないよ」っていうときは C'est pas cher. (= Ce n'est pas cher.) になるし、「悪くないね」っていうときには C'est pas mal. (= Ce n'est pas mal.) になるよ。会話で使ってみてね！

EXPRESSION を使ってみよう!! ❶

例 J'ai besoin de pêches.

　桃が必要です。

1. グラスが必要です。　　　　　　　　J'ai besoin (　　　　) (　　　　).

2. グリンピースが必要です。　　　　　J'ai besoin (　　　　) (　　　　).

3. 私は休み（vacances *(f. pl.)*）が必要です。　J'ai besoin (　　　　) (　　　　).

EXPRESSION を使ってみよう!! ❷

例 J'ai besoin de pêches plus petites.

　もっと小さい桃がいいんですが。

1. もっと新鮮な（frais）ナス（aubergines *(f. pl.)*）がいいんですが。

　　_____

2. もっと濃い（corsé）コーヒーがいいんですが。

　　_____

次の日本語に合うように（　）内にフランス語を入れましょう！

1. それは世界で一番いいトマトだ。

　　C'est (　　　　) (　　　　) tomate du monde.

2. 彼はこの国で一番優れた料理人だ。

　　Il est (　　　　) (　　　　) cuisinier de ce pays.

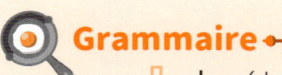 **Grammaire**

比較級　　　plus（よりも〜）
　　　　　　moins（〜よりも〜でない）＋形容詞または副詞＋ que
　　　　　　aussi（同じぐらい）

🎧62

La sauce hollandaise est plus grasse que la sauce tomate.
Les cabillauds sont moins chers que les lottes.
Les cèpes de Bordeaux sont aussi bons que les truffes.

※例外
　　bon の比較級 → meilleur（女性形：meilleure）　bien の比較級 → mieux
　　Les Mara des Bois sont mieux que les Gariguettes pour faire une tarte.
　　Pour la santé, le poisson est meilleur que la viande !
※比較級のまえに定冠詞（le, la, les）をいれると最上級になるよ。
　　C'est le meilleur prix !
　　C'est le restaurant le plus demandé du quartier.

 ACTIVITÉ

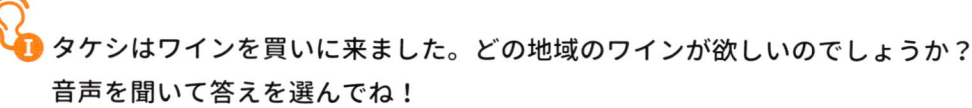

Ⅰ タケシはワインを買いに来ました。どの地域のワインが欲しいのでしょうか？
音声を聞いて答えを選んでね！

63 Takeshi : Bonjour ! Je voudrais une bouteille de vin blanc, s'il vous plaît.

Caviste : Je vous propose celle-ci. Vous voulez goûter ?

Takeshi : Avec plaisir… Umm, c'est un peu corsé. J'ai besoin d'un vin plus léger et plus fruité.

Caviste : D'accord. Alors, je vous propose celui-là.

Takeshi : Ah, c'est meilleur ! Je prends ça ! Qu'est-ce que c'est comme vin ?

Caviste : C'est un Pessac-Léognan, ( ).

① un vin d'Alsace   ② un vin de Bordeaux   ③ un vin de Pays de la Loire

Ⅱ となりの人とペアになって、買い物をしてみよう。次のディアローグを参考にしてね！

64 A : Bonjour ! Vous avez des merlus ?

B : Oui, ils sont plus chers que d'habitude, mais ils sont meilleurs !

A : Ah, c'est cher… J'ai besoin de poissons bon marché.

B : Alors je vous propose des maquereaux !

① もっと安いヒラメを 10 尾
② もっと小さいアンコウを 5 尾
③ もっと新鮮なホタテを 60 個

> merlu (*m.*) : メルルーサ
> maquereau (*m.*) : サバ
> d'habitude : いつも
> lotte (*f.*) : アンコウ

Ⅲ ダイアローグにある会話を練習しよう。
比較級を使って、食材の品質や値段の交渉もしてみよう！

Vocabulaire
―（味・食感）―

salé 塩味の	sucré 砂糖入りの、甘い	doux （女性形：douce）甘い
parfumé 風味のある	acide 酸っぱい	poivré こしょうの入った
épicé 香辛料の入った	corsé 濃い、コクのある	piquant 辛い
consistant 粘り気のある、ボリュームのある		gluant ねばねばした
croustillant カリカリした、サクサクした		croquant コリコリした、歯ごたえのある
onctueux （女性形：onctueuse）とろりとした		charnu 肉厚な
fruité フルーティーな	fade 味のない	amer （女性形：amère）苦い

CIVILI-SATION

J

<名産品 (Spécialité)>

日本と同じように、フランスにもその土地ならではの名産品が各地にあります。フランス語でマッシュルームは《 Champignon de Paris 》と言いますが、これを直訳すると「パリ産のキノコ」という意味。パリに地下鉄ができるまでは、パリの地下でマッシュルームを栽培していたそうです。かつてマッシュルームはパリの名産品だったのですね。

フランスで買い物をしてみると、「コルシカ産みかん Clémentine de Corse」や「マントン産レモン Citron de Menton」、「アジャンのプルーン Pruneau d'Agen」といったように、食材のあとに地名がついているのに気がつくかもしれません。「クレームダンジュ Crème d'Anjou」というデザートの場合、アンジューというのは、アンジェという町の周辺を指す昔の地域名。《 de 》は、たいてい「〜の」という意味になりますが、そのほか産地名や発祥地も表すことがあります。

マスタードといえば、日本でも「ディジョン産マスタード Moutarde de Dijon」が有名ですが、たまにはちょっと変わったドレッシングを作りたいですよね。そんなときにおすすめなのが、「ブリーヴ産紫マスタード Moutarde violette de Brive」！ブドウの皮が入っているから紫色なんです。ディジョン産マスタードのようなつぶつぶ感はなくて、なめらかな触感が特徴。ブーダン・ノワールともよく合います。

ところで、スペインに近いバスク地方にも名産品がたくさん！「バイヨンヌのハム Jambon de Bayonne」は有名ですが、「エスプレット産唐辛子 Piment d'Espelette」というものもあります。エスプレットはバスク地方にある村で、「エスプレット産唐辛子 Piment d'Espelette」は保護原産地呼称（A.O.P. ： appellation d'origine protégée）に登録されています。「唐辛子」と聞くと、いかにも辛そうですが、「エスプレット産唐辛子」の味は黒コショウの味に近いです。エスプレットに行けば、「エスプレット産唐辛子」入りのチョコレートも見かけるはず。あと、「バスク地方の黒サクランボジャム Confiture de cerises noires du Pays Basque」やチョコレートもバスク地方の名物のひとつ。黒サクランボジャムはブルビ（羊）のチーズと一緒にいただくのがバスク流。ぜひ食べてみてください！ 仕上げはスモモベースのリキュール、パッチャラン (Patxaran) やほんのり酸味のあるチャコリ (Txakoli)。バスク地方のシードルもブルターニュ地方のシードルとは違うから、ぜひ飲んでみてくださいね！

▲ クレームダンジュ (Crème d'Anjou)

▲ エスプレット産唐辛子 (Piment d'Espelette)

LEÇON 9

Qu'est-ce que vous me conseillez ?
おすすめは何ですか？

Fromager :	**Bonjour, je peux vous aider ?**
Takeshi :	**Bonjour ! Oui, je veux bien. Qu'est-ce que vous me conseillez comme fromage de chèvre ?**
Fromager :	**Alors, je vous propose le crottin de Chavignol.**
Chloé :	**Est-ce que je peux en goûter un peu ?**
Fromager :	**Oui, bien sûr !**
Takeshi (à Chloé) :	**Ça te plaît ?**
Chloé :	**Oui, beaucoup. Ça coûte combien ?**
Fromager :	**10 euros la pièce.**
Takeshi :	**J'en prends deux !**

Camembert

Roquefort

Comté

fromage de chèvre ：ヤギのチーズ
Ça te plaît ? ：気に入った？

コラム

▶Je veux juste regarder. 🍆

お店やマルシェでの買い物の醍醐味の一つは、店員さんとの会話。店員さんは旬の食材やシチュエーションにあった食材を選ぶのを手伝ってくれるプロ。いろいろと聞いてみると親切に答えてくれるはず。ときには、おまけしてくれることも !? 店員さんの方から **Que désirez-vous ?**（何かお探しですか？）と声をかけてくれることもあるけど、ただ見てるだけのときは、**Je veux juste regarder.** と答えるといいよ。

EXPRESSION を使ってみよう！！ ①

例 チーズのおすすめは何ですか？

Qu'est-ce que vous me conseillez comme fromage de chèvre ?

クロタン・ド・シャヴィニョールがおすすめです。

Je vous propose le crottin de Chavignol.

1. お肉のおすすめは何ですか？　　　羊のロースト（rôti d'agneau (m.)）がおすすめです。

　　_____

2. お魚のおすすめは何ですか？　　　アンコウ（lotte (f.)）がおすすめです。

　　_____

下線部を代名詞にして書き換えよう！

1. Nous demandons <u>au chef</u>.　　　　　　_____

2. Nous offrons un cadeau <u>à Sarah et à Louise</u>.　_____

3. Elle prête sa voiture <u>à sa petite amie</u>.　_____

Grammaire

1. 代名詞（直接目的語、間接目的語）

Je t'aime（t' = te 直接目的語）.

Takeshi donne une pomme <u>à Chloé</u>.

　⇒ Il <u>lui</u> donne une pomme.

　　（« une pomme » は直接目的語、
　　« à Chloé » は間接目的語 ）

Je vous conseille du vin d'Alsace.

　　（« du vin d'Alsace » は直接目的語、
　　« vous » は間接目的語）

Je conseille du vin d'Alsace <u>à mes amis</u>.　＊ mes amis : 私の友達たち

　⇒ Je <u>leur</u> conseille du vin d'Alsace.

主語	直接目的	間接目的	主語	直接目的	間接目的
je	me (m')		nous	nous	
tu	te (t')		vous	vous	
il	le (l')	lui	ils	les	leur
elle	la (l')	lui	elles	les	leur

2. 中性代名詞 en：数量表現、名詞を置き換える

Vous avez des pommes ? — Oui, j'en ai.

J'en prends deux !（= Je prends deux pommes !）

J'en ai besoin pour faire une tarte tatin.（= J'ai besoin des pommes pour faire une tarte tatin.）

Tu veux du vin ? — Non, merci. Je n'en bois pas.（= Je ne bois pas de vin）

ACTIVITÉ

 I タケシはチーズを買いに来ました。どんなチーズを買ったのでしょうか？音声を聞いて答えを選んでね！

68

Takeshi :	Bonjour ! Qu'est-ce que vous me conseillez comme fromage ?
Fromager :	Vous voulez du fromage au lait de vache, de chèvre ou de brebis ?
Takeshi :	Du fromage au lait de vache, s'il vous plaît.
Fromager :	Vous aimez la pâte dure ou la pâte molle ?
Takeshi :	La pâte molle plutôt.
Fromager :	Alors, je vous propose du (　　　　　). C'est meilleur avec du champagne !

① Langres　　② Rocamadour　　③ Brie de Meaux

 II となりの人とペアになって、注文をしてみよう。つぎのディアローグを参考にしてね！

 69

A： Bonjour ! Qu'est-ce que vous me conseillez comme fromage ?

B： Vous cherchez du fromage au lait de vache, de chèvre ou de brebis ?

A： Je voudrais du fromage au lait de brebis, s'il vous plaît.

B： Je vous propose de l'Etorki. C'est un fromage du Pays basque !

① 牛乳、モルビエ（Morbier）、ジュラ地方（Jura）
② ヤギのミルク、トーピネット（Taupinette）、シャラント地方（Charente）

 III ダイアローグの会話を練習しよう。

Vocabulaire

―（カレンダー）―

janvier 1 月　février 2 月　mars 3 月　avril 4 月　mai 5 月　juin 6 月　juillet 7 月

août 8 月　septembre 9 月　octobre 10 月　novembre 11 月　décembre 12 月

printemps (*m.*) 春　　été (*m.*) 夏　　automne (*m.*) 秋　　hiver (*m.*) 冬

Nouvel an 新年　Noël クリスマス　Pâques 復活祭　Poisson d'avril エイプリルフール

CIVILI-SATION

＜フロマージュ＞
(Fromage)

フランスで食事に招かれたら、デザートの前にかならず聞かれるのがこの一言。「チーズはいかがですか？」《 Vous voulez du fromage ? 》。答えはもちろん《 Oui ! 》。

　Plateau de fromage と呼ばれるチーズ専用プレートがたいていどの家庭にもあります。その上に、いろいろな種類のチーズを盛り合わせ、ナイフで切ってパンと一緒に食べるのが一般的です。ところでフランスにはチーズの種類がどのくらいあると思いますか。答えはなんと 1200！フランス語ではチーズの生地を pâte と呼びますが、ハード系のチーズは《 fromage à pâte dure 》柔らかい生地は《 pâte molle 》、白いカビのついたチーズは《 pâte fleurie 》、青カビ系は《 pâte persillée 》と独特な表現を使います。白カビは表面に小麦粉をまぶしたように見えることから《 fleurie 》という調理用語が使われていて、ブルーチーズ系の《 persillé(e) 》という形容詞は「パセリをまぶしたような」という意味です。

　使われるミルクは全部で3種類！牛乳（lait de vache）、ヤギの乳（lait de chèvre）、それからなんと羊からとったミルク（lait de brebis）も使うんです。チーズの種類も豊富なら、名前もいろいろ。カンタル（Cantal）のように地方名がそのままチーズになっているものもありますが、中には「パンツのボタン」（Bouton de culotte）や「聖アガタのおっぱい」（Téton de Sainte Agathe：同名のお菓子もあります）のような面白い名前のチーズもあります。

　ところでみなさんはピラミッドの形によく似たヴァランセ（Valençay）やプリニー・サン＝ピエール（Pouligny Saint-Pierre）を見たことがありますか。じつはこれ、ナポレオンの伝説がある、曰く付きのチーズなんです。エジプト遠征前に、テーブルで持っていたナイフでてっぺんを切ったとか、遠征が失敗してから政治家タレーランが気を利かせて、ピラミッドに見えないように頭を落とさせたとかいわれているんですよ！

　好みは人それぞれなので、友達や知り合いにどんなチーズが好きか聞いてみましょう。みんなおすすめのチーズについて熱く語ってくれるはず！

ヴァランセ（Valençay）▶

ダイアローグにならって下線部を入れ替えて会話してみよう！

🎧70

Takeshi	:	Bonjour monsieur !
Marchand	:	Bonjour Takeshi ! Qu'est-ce qu'il vous faut ?
Takeshi	:	3 kilos de cerises, s'il vous plaît.
Marchand	:	D'accord. C'est pour manger ou pour cuisiner ?
Takeshi	:	C'est pour cuisiner. Je fais de la confiture !

c'est pour：〜のため   confiture (f.)：ジャム

☆ 数量表現

| 数量 | ＋ | 単位 | ＋ | de | ＋ | 具材 |

3	kilos	de	pommes
300	grammes	de	farine
1	litre	de	lait

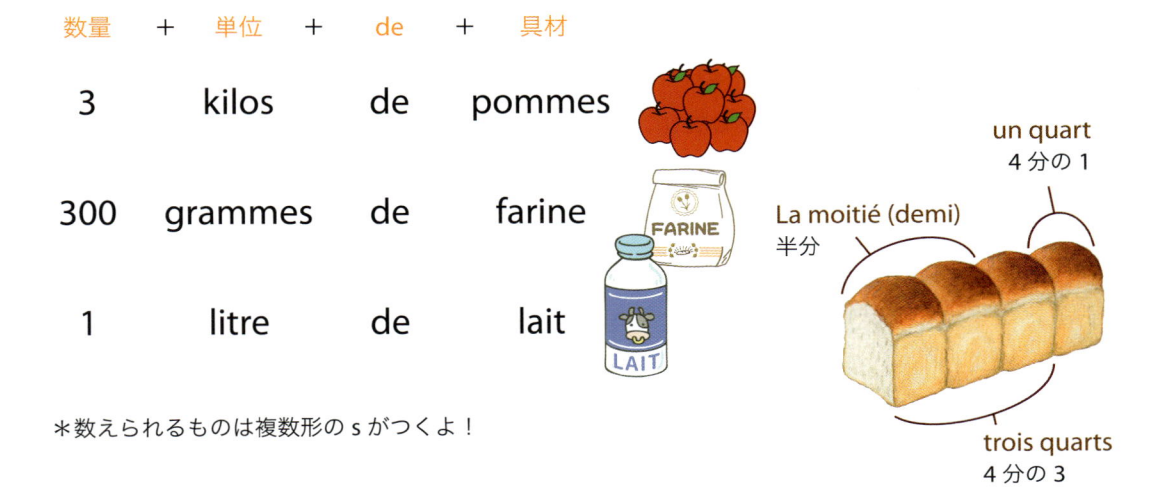

un quart
4 分の 1

La moitié (demi)
半分

trois quarts
4 分の 3

＊数えられるものは複数形の s がつくよ！

Défi !

注文してみよう！

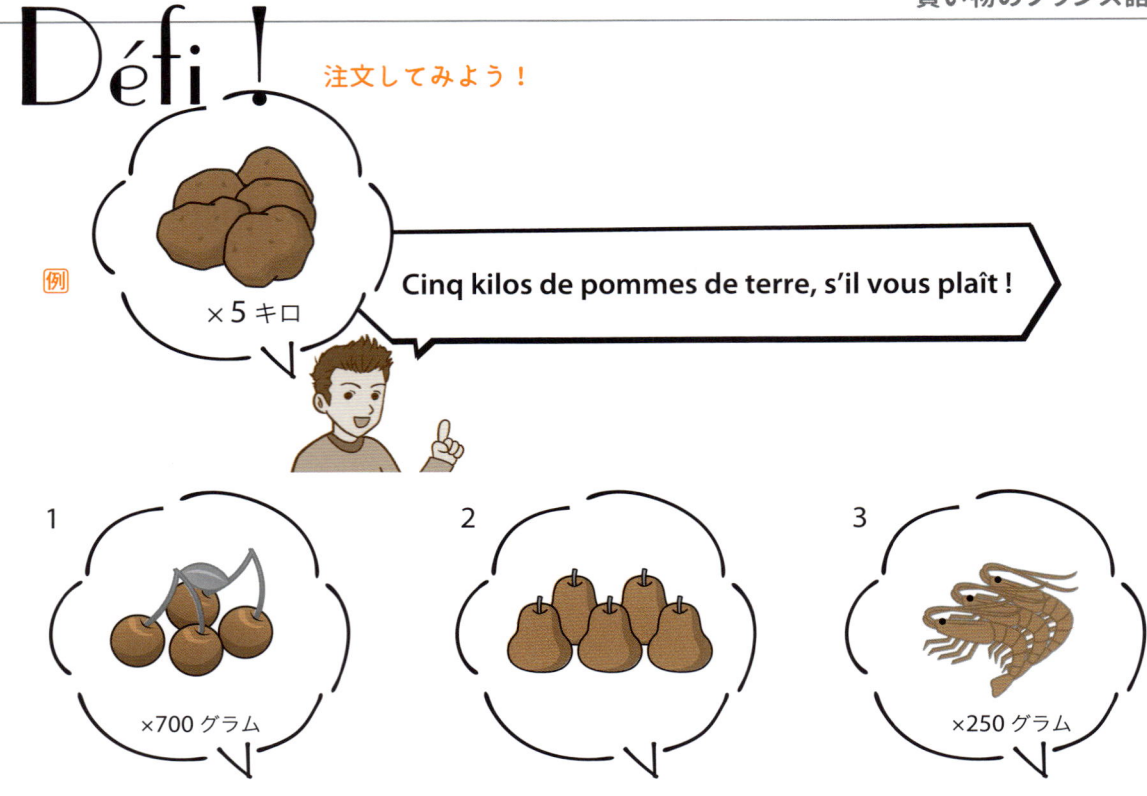

例

×5 キロ

Cinq kilos de pommes de terre, s'il vous plaît !

1

×700 グラム

2

3

×250 グラム

次の（　）内に入るものを選択肢から選んでね。

(71)

Maraîcher : Bonjour ! Qu'est-ce que je vous sers ?

Chloé : Je veux d'abord (　　　　　　) kilo de tomates, s'il vous plaît.

Maraîcher : Alors nous avons des tomates rondes, des tomates anciennes et des cœurs de bœuf.

Chloé : Je prends des tomates (　　　　　　), s'il vous plaît.

Maraîcher : Avec ceci ?

Chloé : Il me faut (　　　　　) grammes de mesclun, (　　　　　) bottes de radis et (　　　　　) barquettes de framboise. Et ce sera tout !

① prends　② trois　③ 150　④ deux　⑤ un　⑥ anciennes　⑦ prendre

mesclun (*m.*)：ミックスサラダ　　　　botte (*f.*)：束　　　　barquette (*f.*)：パック

qu'est-ce que je vous sers：いかがいたしましょうか

C'est pratique !

好みの表現

J'adore 〜 .	私は〜が大好きだ。
J'aime beaucoup 〜 .	私は〜がとても好きです。
J'aime 〜 .	私は〜が好きです。
Je n'aime pas 〜 .	私は〜が好きではありません。
Je déteste 〜 .	私は〜が嫌いです。

好きなものや嫌いなものについて会話してみよう！

これも覚えよう！！

une botte de poireaux	ポロネギを 1 束	un pot de miel	はちみつを 1 瓶
un sachet de sucre	砂糖を 1 袋	un brin de persil	パセリを 1 本
une gousse d'ail	ニンニクを 1 かけら	une pincée de sel	塩をひとつまみ

une poignée de salade：サラダを 1 握り

une gorgée de vin：ワインを 1 口

deux branches de céleri：セロリを 2 枝

quatre cuillères à café d'huile d'olive（c.à.c.）：オリーブオイルを小さじ 4 杯

cinq cuillères à soupe de bouillon (c.à.s.)：ブイヨンを大さじ 5 杯

un quart de litre d'eau：水を 4 分の 1 リットル（=25cl）

un demi-kilo de champignons de Paris：マッシュルームを半キロ（=500g）

CIVILI-SATION Ⓛ

＜単位 (Unité)＞

フランスは明朗会計！ マルシェはたいてい量り売りです。ナシを5個、アーティチョークを3つ、ブドウを3房というように、必要なだけ買えます。買い物の形式としては、セルフサービスと対面販売があります。対面販売のお店は、「〜をください」と注文するので、勉強したフランス語の表現を使ういい機会ですね。並ぶほど人気のお店は、順番に注文を取ってくれます。「次はだれの番？」《 C'est à qui le tour ? 》って聞かれたら、「私です！」《 C'est à moi 》と答えましょう。

周りのフランス人がどのように買い物をしているか、最初は観察してみるのもいいかもしれません。そうすると、《 un kilo d'abricots 》「アプリコットを1キロ」とか、《 une poignée de noisettes 》「ヘーゼルナッツをひとつかみ」とか言っているのが聞こえてくるはずです。八百屋では《 un bon kilo de pommes 》「リンゴをたっぷり1キロ」とか、《 une barquette de fraises 》「イチゴを1パック」とか、チーズ屋では《 une petite part de Brie 》「ブリーチーズをちょっと」とか、肉屋では、《 trois tranches fines de jambon blanc 》「ハムの薄切りを3枚」とか、魚屋では《 trois pavés de saumon 》「鮭の切り身を3つ」とか…日本語の単位は複雑だけど、それに劣らずフランス語の単位もなかなか複雑だと思うかもしれません。でも、そんなときも気負わなくていいのがマルシェのいいところです。《 Vous en voulez combien ? 》「どれぐらいいりますか？」と聞かれたら、《 C'est pour deux personnes ! 》「二人分です！」と人数で答えましょう！

量り売りでもばら売りでもない食材があるから気を付けてください。それは卵（œufs）と牡蠣（huîtres）です。基本的な単位は《 une douzaine 》「1ダース」ですが、卵は6個単位でも売ってくれることもあります。

LEÇON 10

Écoute bien !
ちゃんと聞いて！

 73

Chef : **Arrête ! Takeshi, écoute bien !**

Takeshi : **Oui, chef !**

Chef : **Il faut décortiquer les coquilles Saint-Jacques.**

Takeshi : **Oui, chef ! Et après ?**

Chef : **Je n'entends pas, Takeshi. Parle plus fort !**

Chloé : **Il faut les nettoyer et les garder au frais.**

　　　　 Mets-les dans le frigo.

Takeshi : **D'accord, je m'en occupe !**

Arrête!	：ストップ！
écouter	：聞く
décortiquer	：殻をむく
Je n'entends pas.	：聞こえないぞ。
nettoyer	：洗う
Je m'en occupe !	：任せて！

louche　*poêle*

〓〓〓 コラム 〓〓〓

▶C'est sympa !

何かいい！と思ったら

　　　C'est sympa !

という表現を使おう。人にも物にも場所にも使えるから、とても便利な表現。あと、

C'est difficile.（難しい）**C'est dur.**（たいへん）**C'est compliqué.**（ややこしい）

といった表現を覚えておくとうまくいっていないときも自分の気持ちを伝えられるよ。

EXPRESSION を使ってみよう！ ①

例 Tu écoutes bien. ⇒ Écoute bien !

1. 栓（le bouchon）を閉めて（fermer）。
2. テーブル（la table）を片付けて（débarrasser）。
3. シェフに聞いて（demander à）。

次の文を命令法に書き換えよう！

1. Tu mondes les tomates.

   _____

2. Vous choisissez un bon caviste.

   _____

3. Nous sommes actifs.

   _____

4. Tu expliques le plat du jour.

   _____

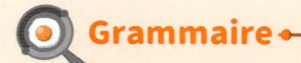 **Grammaire** ●────────────────────────────

命令法

☆ 命令法は、現在形の主語を省きます。

🎧74 Tu の命令法 →「〜しなさい」 Tu manges → Mange !

※ tu に対する命令法で動詞の活用語尾が es になったときは、語末の s が消えます。

Tu coupes des carottes en julienne. → Coupe des carottes en julienne !
Tu choisis des lottes de bonne qualité. → Choisis des lottes de bonne qualité !

Nous の命令法 →「〜しよう」 Nous rentrons → Rentrons !
Vous の命令法 →「〜してください」 Vous coupez → Coupez !

Tu ne laves pas la casserole. → Ne lave pas la casserole !

☆ 例外的な変化をする動詞があるので注意しましょう。不規則動詞は活用表で確認してください。

例 Soyez calme ! 落ち着いてください。 Soyons propres ! 清潔にしましょう。

ACTIVITÉ

 I 厨房でトラブルが発生しました。空欄の箇所で、タケシはシェフに何て言っているかな？音声を聞いて答えを選んでね！

🎧75 Chef： Takeshi, il faut émincer les oignons. Ensuite, fais rôtir les poulets au four.

Takeshi： Oui, chef. (　　　　　　　　　　　).

Chef： Non, Takeshi. Écoute bien ! Chloé, explique à Takeshi !

Chloé： Oui, chef ! Je m'en occupe !

① Pouvez-vous répéter, s'il vous plaît ?
② Il faut rôtir les oignons au four.
③ Qu'est-ce que je fais, chef ?

  II となりの人とペアになって、厨房での会話をしてみよう。つぎのディアローグを参考にしてね！

🎧76 A： Chef, qu'est-ce que je fais ?

B： Coupe les poireaux en julienne et poêle-les avec du saumon.

A： Pouvez-vous répéter, s'il vous plaît ?

B： Oui, bien sûr, mais écoute bien !

① ヒラメの下ごしらえをする（habiller）
② 小麦粉（de la farine）と砂糖（du sucre）とバターを混ぜる（mélanger）
③ ベシャメルソースを作る（préparer）

 III ダイアローグの会話を練習しよう。

Vocabulaire

―（よく使う動詞）―

regarder 見る	lire 読む	comprendre 理解する	répéter 繰り返す
réfléchir 考える	vérifier 確かめる	changer 変える	envoyer 送る
laisser 置いておく、そのままにする		débarrasser 片付ける	arrêter 止める
ouvrir 開く	fermer 閉じる	mettre 置く、入れる、加える、足す	

CIVILI-SATION Ⓜ

＜スープ／ポタージュ＞
(Soupe / Potage)

フランスの家庭料理の代表格はポタージュ！　フランスの家庭に招かれると、たいてい食卓の中央に置かれた「スープ皿 soupier」を囲んで、家族が熱々のポタージュをほおばりながら、一日の出来事を語り合う姿を目にします。庭で採れた野菜が入っていたり、思い出のスパイスが入っていたり、特別な日にはオマール海老が入っていたりと、ポタージュにはいろいろなメッセージが込められています。『フランス料理総覧 Le Répertoire de la cuisine』によると、水や牛乳、「コンソメ consommé」をベーストするのが「スープ soupe」、つなぎが生クリームであれば「クレーム crème」、卵の黄身が入っていれば「ヴルーテ velouté」。これらを全部ひっくるめてポタージュなのだそうです。

　17 世紀の喜劇作家モリエールの作品のなかにもポタージュの話が出てきますが、そうすると、17 世紀には、もうポタージュが庶民的な料理として知られていたことになります。ところで、フランスではスープは飲み物ではなくて、食べ物だということは知っていましたか？　不思議に思うかもしれませんが、昔のスープは今のスープとかなり違ったみたいです。17 世紀の辞書を引くと、ポタージュは「焼いた肉の肉汁に薄切りのパンを浸したもの」（え？　ポタージュってパンのこと？）、スープは「パンやブイヨン、肉汁、その他の食材をたくさん入れたポタージュのこと」、ほかにも、「お皿の底に薄切りのパンを詰めて、その上にブイヨンをかけたもの」という説明があります。「だれかを食事に招くとき、私のスープを食べにいらっしゃいませんか？と言う」という例文も！　確かにこれだけの具材が入っていれば、飲み物じゃなくて食べ物ですよね。

　そうそう、当時のポタージュにはたいていお肉が入っていたみたいです。たとえば、「健康ポタージュ（potage de santé）」は「鶏肉、仔牛肉や牛肉、羊肉のすね肉を使った一般的なポタージュのこと」という記述があります。同じ時代に、フランソワ・マシアロという料理人が、匿名で『宮廷とブルジョワの料理人（Le Cuisinier royal et bourgeois, 1691 年）』というレシピ本を出していますが、そのなかにもポタージュのレシピがたくさん！　例として、「カブのポタージュ（potage aux navets）」のレシピを見てみましょう。「カブを賽の目に切ってラードで炒めたあと、ブイヨンを加えて、塩コショウやハーブで味を調える」。（ふんふん。）「揚げパンやソーセージ、アンドゥイエット、もしくは加熱して小さく切ったラードを添える」。（え、そんなにいろいろ添えるんだ！）確かにポタージュだけで立派な食事ですね。マシアロのレシピ本には、「蛙のポタージュ」や「亀のポタージュ」といった変わり種も載っています。でも、これはレシピを読んでるだけでいいかもしれません！

LEÇON 11

Combien de temps ?

どれくらい（時間）ですか？

 77

Chef	:	Deux couverts ! Une salade niçoise et une tarte aux poireaux. Pour suivre, une sole meunière, un paleron de veau braisé avec la purée de topinambour.
Cuisiniers	:	Oui, chef !
Takeshi	:	Qu'est-ce que je fais pour les soles ?
Chloé	:	C'est pas possible ! Mets-les au four préchauffé à 180℃.
Takeshi	:	D'accord, mais pour combien de temps ?
Chloé	:	15 minutes. Je rêve.
		*************************
Chloé	:	Allez, vite ! Attention, chaud devant !
Chef	:	Service, s'il vous plaît. C'est pour la table numéro 1 !

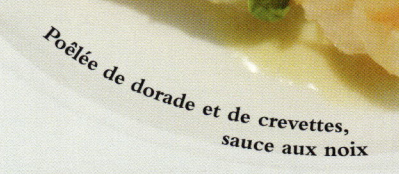

*Poêlée de dorade et de crevettes,
sauce aux noix*

Mets < mettre（不規則動詞）：入れる（p.82 も参照）

コラム

▶On y va ! 🌶

英語の **Let's go !** にあたるのが、**On y va !**
そのほかにも、似たような表現で、**C'est parti !** が出てきたね。何かを始めたり、出発するときに使う表現だね。その前に、何かが終わったときに使う表現は、**Ça y est.**
「よし、できた」とか「さてと」なんていうニュアンスで使うよ。

EXPRESSION を使ってみよう！！ ①

例 **C'est combien ?**
いくらですか？

1. だれ（qui）ですか？ _____

2. いつ（quand）ですか？ _____

3. どこ（où）ですか？ _____

EXPRESSION を使ってみよう！！ ②

例 **Pour combien de temps ?**　　Combien de + 名詞

1. 何キロですか？　Vous en voulez (　　　　) de (　　　　) ?

2. 何名ですか？　　Vous êtes (　　　　) de (　　　　) ?

次の日本語に合うように（ ）内にフランス語を入れましょう！

1. トイレはどこですか？
(　　　　) sont les toilettes ?

2. 何を注文しますか？
(　　　　) vous voulez prendre ?

3. いつ日本に帰るの？
(　　　　) tu rentres au Japon ?

 Grammaire

78　Où ? どこ？　　Quand ? いつ？　　Qui ? だれ？　　Quoi ? 何？
Pourquoi ? なぜ？（→ 答えるときは Parce que なぜなら）
Combien ? どれくらい？　　　　　　Comment ? どのように？

☆ だれが？ 何を？ といったことを聞きたい場合は次のような形を使うよ。

	主語（が）	直接目的補語（が）
だれ（人）	qui est-ce qui / qui	qui est-ce que / qui
何（物）	qu'est-ce qui	qu'est-ce que / que

Qui est-ce qui fait la cuisine ?　　だれが料理するの？
Qui est-ce que vous connaissez ?　どなたをご存知ですか？

Qu'est-ce que vous faites dans la vie ?　職業は何ですか？
Qu'est-ce que tu as ?　　どうしたの？
Qu'est-ce qui ne va pas ?　何がうまくいってないの？

ACTIVITÉ

 I タケシは電話でレストランの予約をしています。いつ、何人分の席を予約したいのでしょうか。空欄の箇所でタケシは何て言ってるかな。音声を聞いて答えを選んでね！

 79

Restaurant : Restautant « C'est bon ! », bonjour !

Takeshi : Allô ? Bonjour, j'aimerais réserver une table pour dîner.

Restaurant : Très bien. C'est pour quand et pour combien de personnes ?

Takeshi : (　　　　　　　　　　　　　　　　　).

> J'aimerais ～ :
> ～したいのですが

① Pardon, pouvez-vous répéter, s'il vous plaît ?
② Nous sommes trois et c'est pour demain soir.
③ C'est pour quatre personnes, lundi soir.

 II となりの人とペアになって、会話をしてみよう。つぎのディアローグを参考にしてね！

80

A : Bonjour ! Comment peut-on venir à votre restaurant ?

B : Vous pouvez venir en métro.

A : Depuis la station, il faut combien de minutes à pied ?

B : Il faut marcher 15 minutes environ.

① タクシー（en taxi）・徒歩（à pied）10 分くらい
② バス（en bus）・徒歩 2 分
③ 電車かトラム（en train ou en tramway）・徒歩 5 分

III ダイアローグの会話を練習しよう。

Vocabulaire

― （キッチン）―

table (*f.*) テーブル	chaise (*f.*) 椅子	porte (*f.*) ドア	fenêtre (*f.*) 窓
mur (*m.*) 壁	cave (*f.*) 地下室	salle (*f.*) ホール	sol (*m.*) 床
terrasse (*f.*) テラス	passe (*m.*) デシャップ	évier (*m.*) シンク	poubelle (*f.*) ゴミ箱
plonge (*f.*) 皿洗い	piano (*m.*) レンジ	salamandre (*f.*) サラマンダー［調理機器］	
four (*m.*) オーブン			

CIVILI-SATION Ⅱ

< ボルドーワイン (Vin de Bordeaux) >

フランス南西部に位置するボルドーは、貿易で栄えた商業都市。町の中心にあるブルス広場は貿易で繁栄したボルドーの歴史を象徴しています。そしてボルドーと言えば、やっぱりワイン！ 赤ワインのテロワールとしては、ポイヤックやマルゴーで有名なメドック／グラーヴ地区、ボルドー・シューペリウール地区、コット・ド・ブールやコット・ド・ブライのあるコット・ド・ボルドー地区、そしてサンテミリオン／ポムロール／フロンサック地区の４つがあります。白ワインだと、アントル・ドゥ・メールなどの辛口や、ルピアックやソーテルヌのような甘口、発泡性のクレマン・ド・ボルドーもあるので、ボルドーを訪れたときには、いろいろなテロワールの味を楽しんでくださいね！

シャトー・ラトゥール、シャトー・マルゴー、シャトー・ラフィット＝ロスチャイルド、シャトー・ムートン=ロスチャイルド、シャトー・オーブリオンは、5大シャトーと呼ばれていて、有名ですね。なかでも、シャトー・オーブリオンはボルドー市に隣接するペサックという町にあるので、トラムに乗ればすぐにブドウ畑を見られますし、事前に予約しておけば見学もできるはずです！

ボルドーは赤ワインが有名ですが、ロゼワインと赤ワインの中間のような色合いで、イチゴやカシスのようなベリー系の香りが特徴のボルドー・クレレ（Bordeaux Clairet）というアペラシオンもぜひチェックしてください。セパージュはメルローが中心。じつは、このボルドー・クレレがボルドーワインの歴史と深く結びついています！ ボルドーワインが知られるようになったのは、ボルドーワインがイギリスに輸出されるようになってから。12世紀にプランタジネット朝のヘンリ2世とアリエール・ダキテーヌが結婚して、今のボルドーを含むアキテーヌ地方がイギリスの領土となります。こうしてイギリスで、ボルドーワインがフレンチ・クレレ（French Clairet）という名前で親しまれるようになりました。17世紀には、ボルドーワインとブルゴーニュワインが競合するようになりましたが、そこで登場するのがシャトー・オーブリオンの経営者アルノー・ド・ポンタック。それまでのフレンチ・クレレとは違う、貯蔵して熟成させるワインをイギリスに輸出したところ、それが「ニュー・フレンチ・クレレ（New French Claret）」と呼ばれてイギリスで大成功。こうして現在のボルドーの赤ワインに近い赤ワインが誕生したのです。つまり、ボルドー・クレレは今のボルドーの赤ワインの祖先なんですね。

LEÇON 12

Je me lève tôt.

私は早く起きます。

 (81)

Chef	:	Vous avez terminé votre travail ?
		Vous avez bien nettoyé les tables ?
Cuisiniers	:	Oui, chef !
Chef	:	Bien. On rentre alors ! À demain !
Cuisiniers	:	Bonne soirée chef. À demain !

****

Takeshi	:	Je suis fatigué. On se lève tôt et on
		rentre tard ! Je me couche à minuit !
Chloé	:	Dépêche-toi ! On va se reposer à la maison !

se lever：起きる
tard：遅くに
rater：逃す
se dépêcher：急ぐ
fatigué：疲れている

Macarons

コラム

▶C'est à quel étage ?

フランス語でレストランのなかを説明することがあるかもしれないね。「何階ですか？
C'est à quel étage ?」と聞かれたら、日本の2階がフランスでは1階になるから気
を付けてね。地下だったら **C'est au sous-sol.** と答えよう。右は **C'est à droite.**、
左は **C'est à gauche.** つきあたりは **C'est au bout du couloir.**、隣は **C'est
juste à côté.** と言うよ。« **C'est ～ .** » はやっぱり便利だね！

EXPRESSION を使ってみよう！！ ❶

$$
\text{Je vais +}
\begin{cases}
\text{se coucher} & \rightarrow \text{Je vais me coucher.} \\
\text{se doucher} & \rightarrow \text{Je vais (}\qquad\qquad\text{).} \\
\text{se laver les mains} & \rightarrow \text{Je vais (}\qquad\qquad\text{).}
\end{cases}
$$

EXPRESSION を使ってみよう！！ ❷

例 私は 12 時に寝ます。
Je me couche à minuit.

1. 私の名前は～です。　　　　　　　　　　参考 Je m'appelle Takeshi.
2. 私は休みます（se reposer）

（　）内の動詞を主語に合わせて形を変えましょう！

1. Ils (se laver) les mains. 　　　　　　　_____
2. Elles (se souvenir) de vous. 　　　　　_____
3. Jean et Marie (se téléphoner) tous les jours. 　_____
4. Ne (se plaindre) pas ! （te に対する命令）　_____
5. (se dépêcher) !（nous に対する命令）　_____

🍳 Grammaire

 (82)

Il lave son tablier.
　→ 洗うのはエプロン

Il se lave.
　→ 洗うのは自分。
再帰代名詞 se はいつも主語とイコール。

Il se lave les mains.
　→ 洗うのは手。手の持ち主が再帰代名詞 se で表されています。

se laver

je me lave	nous nous lavons
tu te laves	vous vous lavez
il se lave	ils se lavent
elle se lave	elles se lavent

Ça se passe bien.	うまくいっています。
On se régale !	食事を堪能しています！
Dépêche-toi !	急いで！
Ne t'inquiète pas.	心配しないで。
Nous nous servons d'une vaisselle de qualité.	
	私たちは品質のよい食器を使っています。

ACTIVITÉ

 タケシが落ち込んでいるみたい。なぜだろう？ 空欄の箇所でタケシは何て言っているかな？ 音声を聞いて選んでね！

 83 Takeshi : Je n'ai pas envie d'aller au travail aujourd'hui.

（　　　　　　　　　　　　） Je ne comprends pas ce que dit le chef.

Chloé : Ne t'inquiète pas Takeshi ! Ça va venir !

① Ça ne se passe pas bien en ce moment.
② J'ai mal au ventre.
③ Je suis allé voir le médecin hier.
④ Je m'inquiète beaucoup.

 となりの人が元気がないみたい。励ましてみよう。つぎのディアローグを参考にしてね！

 84 A : Tu as l'air fatigué en ce moment. Qu'est-ce que tu as ?

B : J'en ai marre de travailler. Je n'ai pas de temps pour me reposer.

A : On ne se plaint pas ! On est bientôt en vacances !

 ダイアローグの会話を練習しよう。

Vocabulaire

―（avoir を使った表現）―

J'ai hâte ! たのしみ！	J'ai soif ! のど渇いた！	J'ai faim ! お腹すいた！
J'ai sommeil. ねむい	J'ai chaud ! 暑い！	J'ai froid ! 寒い！
J'ai mal à la tête… 頭が痛いです…	J'ai de la fièvre… 熱があります…	
J'en ai assez… うんざりです（口語的）…	Je n'ai pas de temps ! 時間がない！	

CIVILI-SATION

⓪

＜マカロン (Macaron)＞

色とりどりで見た目にも可愛しいマカロン（macaron）は、フランスのパティスリーであれば必ずおいてあるほどポピュラーなお菓子の一つ。もともと、フランスのお菓子ではありません。どこから来たか、みなさん知っていますか。

答えは中東、特に発祥地はアーモンドの原産地であるシリア周辺と言われています。もともとこのお菓子は、アラビア語で「アーモンド」を意味する「ルズィエ（louzieh）」という名前で呼ばれていました。イタリアにアーモンドが輸入されはじめた14世紀ごろ、現在のマカロンの原型となるお菓子も一緒に持ち込まれます。現在ヨーロッパに残っている一番古いレシピはなんとルネサンス期まで遡ります！

ところで「マカロン」と「マカロニ」、なんだか似ていると思いませんか。それもそのはず、マカロンもマカロニもじつは同じ言葉だったのです。イタリア語で「粉をペースト状にしたもの」という意味の「マッケローニ」が、フランスではアーモンドペーストから作るお菓子を指す言葉へと変わっていきました。

さて、それではマカロンはどうやってイタリアからフランスへ伝わったのでしょうか。きっかけはアンリ2世（Henri II）とカトリーヌ・ド・メディシス（Catherine de Médicis）の結婚でした。カトリーヌ・ド・メディシスといえばフォークを初めてフランスに持ち込んだ人物として有名ですが、じつはマカロンのレシピもこのときにフランスへやって来たのです。

その後フランス全土にレシピが伝わり、地方独自のマカロンが作られはじめました。私たちが現在イメージするカラフルなマカロンは、20世紀に入ってから、ラデュレが考案したものですが、今でもナンシー（Nancy）やアミアン（Amiens）、サン＝ジャン＝ド＝リュズ（Saint-Jean de Luz）などのマカロンは昔ながらの素朴な形をしていて、地方菓子としても有名です。

Au travail !

次のレシピを日本語に訳してみよう！

Soupe à l'oignon

INGRÉDIENTS :

600 g d'oignons
60 g de beurre
60 g de farine
150 g de gruyère râpé
sel, poivre

PRÉPARATION :

1. Épluchez les oignons et détaillez-les en rondelles.
2. Faites fondre du beurre dans une marmite et mettez les oignons.
3. Ajoutez la farine.
4. Mouillez avec un litre et demi d'eau.
5. Salez et poivrez.
6. Laissez mijoter 25 à 30 minutes.

éplucher：皮をむく　　détailler en rondelles：輪切りにする　　fondre：溶ける

ajouter：加える　　mouiller：水分を加える　　mijoter：弱火で煮る

🍳 Grammaire

faire + 動詞の原形 →「〜させる」

 Faites fondre du beurre dans une marmite.
鍋でバターを溶かしてください。

laisser + 動詞の原形 →「〜したままにする」
Laissez mijoter 25 à 30 minutes.
弱火でコトコト煮たままにする（＝弱火でことこと煮る）

Défi !

次のレシピを日本語に訳してみよう！

Clafoutis aux cerises

INGRÉDIENTS :

1 œuf entier
3 jaunes d'œuf
100 g de sucre
90 g de poudre d'amandes
350 g de crème fraîche
13 à 15 cerises par personne
1 gousse de vanille

PRÉPARATION :

1. Blanchissez un œuf entier, trois jaunes d'œuf et 100 g de sucre.
2. Ajoutez 90 g de poudre d'amandes. Dans une casserole, faites chauffer 350g de crème avec une gousse de vanille.
3. Ajoutez la crème chaude à l'appareil, puis 13 à 15 cerises par personne et coulez l'ensemble dans des assiettes.
4. Faites cuire à 180 ℃ pendant 10 minutes, tournez l'assiette et cuire 4 minutes.

---

blanchir：白っぽくなるまで混ぜる　poudre d'amandes (*f.*)：アーモンドパウダー
appareil (*m.*)：生地　chauffer：熱くなる　cuire：焼く

☆ 前置詞 par の使い方

une fois	par	heure	1時間に1度
deux fois		jour	1日に2度

「2時間おきに」は « toutes les deux heures »、「3週間ごとに」は « toutes les trois semaines » になるよ！

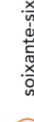

C'est pratique !

ニュアンスをつける

C'est + (un peu / très / assez / trop / beaucoup trop) + 形容詞

 86

C'est un peu sec.	ちょっと水分が足りないね。
C'est très sucré.	とっても甘いね。
C'est assez mûr.	十分熟しているね。
C'est trop amer.	苦すぎるよ。
C'est beaucoup trop fade.	味がなさすぎるよ。

これも覚えよう！！

87

doucement　ゆっくり　　　　soigneusement　注意深く

délicatement　慎重に　　　　vigoureusement　力をこめて

préalablement　あらかじめ　　rapidement　素早く

lentement　ゆっくり　　　　directement　じかに

finement　細かく　　　　　　immédiatement　すぐに

88 ● 数字 100 – 1000

100	cent	110	cent dix
200	deux cents	230	deux cent trente
300	trois cents	670	six cent soixante-dix
1000	mille		

CIVILI SATION Ⓟ

＜ パン ＞
（Pain）

バゲット（baguette）を抱えて歩くフランス人の姿は日常生活の一部。朝から甘いバターの匂いがするパン屋さん（boulangerie）はとっても早起きで、お店によっては7時前から開業していたりします。

パンの種類は大きくわけて二つ。パン（pain）とヴィエノワズリー（viennoiserie）です。じつは日本でパンと呼んでいるクロワッサン（croissant）やパン・オ・ショコラ（pain au chocolat）は、パンではなく「ヴィエノワズリー」。バゲットのように食卓で切り分けて食べる「パン」に対して、ヴィエノワズリーはデニッシュ生地を使っているのが特徴です。朝食に甘いものを食べる習慣のあるフランス人にとって、ヴィエノワズリーは朝ごはんの代表選手！

ところでフランス語を勉強していて、《 copain 》，《 copine 》という単語を聞いたことがあるかもしれません。《 Mon copain 》，《 ma copine 》のように「私の」をつけると「彼氏」・「彼女」という意味になりますが、会話では仲の良い友達を指すときにも使います。でもちょっと待って、「コパン」？ え…「パン？」そうなんです！ もともと《 copain 》はパンだったんです！ さかのぼること十数世紀、中世の時代に、となりの人と二等分にできるように作られたのが、「コパン」。《 co- 》は「一緒に」という意味の接頭語で、ゲルマン人兵士が使っていた言葉をフランス語に訳した「コンパニオン」（compagnon）という語から派生してきました。「食卓でとなりの人と二等分するパン」が、しだいに「同じパンを分かち合うほど仲のいい人」をあらわす単語へと変化していったのです。

では、バゲットは「コパン」のあった時代には…？ ありませんでした。フランスのパンを代表するバゲットは、19世紀の終わり頃からフランス全国に普及しはじめた新しい種類のパン。由来は諸説ありますが、それまでは2キロ単位で売られていたパンに税金がかかり、さらに「パン屋は夜10時から翌朝4時までは職人を働かせてはいけない」という法律ができたことがきっかけだと言われています。より短時間で効率よく作れるパンとして考案されたのが、棒状のバゲットだったのです！

Annexes
［補遺情報］

Sorbet

発　音

単母音字の発音

a, à, â [a, ɑ] 　　: mâche [mɑʃ], marinade [maʁinad]
i, î, y [i] 　　　　: farci [faʁsi], olive [ɔliv], gruyère [gʁyjɛʁ]
u [y] 　　　　　: fondue [fɔ̃dy], jambon cru [ʒɑ̃bɔ̃ kʁy]
o, ô [o, ɔ] 　　　: abricot [abʁiko]
e
— （語末）[-] 　: salade [salad], casserole [kasʁɔl],
— （音節の区切り目）[ə, -] : menu [məny]
— （それ以外）[e, ɛ] : rouget [ʁuʒɛ], laurier [lɔʁje], ciseler [siz(ə)le]
é [e] 　　　　　: apéritif [apeʁitif], fumé [fyme], cépage [sepaʒ]
è, ê [ɛ] 　　　　: crème [kʁɛm], crêpe [kʁɛp]

特徴的な複母音字の発音

ai [ɛ] 　　　　　: fraise [fʁɛz], raisin [ʁɛzɛ̃]
au, eau [o] 　　: aubergine [obɛʁʒin], veau [vo], saucisse [sosis]
eu, œu [ø, œ] : pot-au-feu [potofø], beurre [bœʁ], hors-d'œuvre [ˈɔʁdœvʁ], œuf [œf]
ou [u] 　　　　: fougasse [fugas], four [fuʁ], bouquet garni [bukɛ gaʁni], rouille [ʁuj]
oi [wa] 　　　　: noix [nwa], poire [pwaʁ], poivre [pwavʁ], anchois [ɑ̃ʃwa]

母音字 + m, n

am, an, em, en [ɑ̃] : flambé [flɑ̃be], hareng [ˈaʁɑ̃], pissenlit [pisɑ̃li]
im, in, ym, yn, aim, ain, eim, ein [ɛ̃] : boudin [budɛ̃], lapin [lapɛ̃], pintade [pɛ̃tad], vin [vɛ̃]
um, un [œ̃] 　　: parfum [paʁfœ̃]
om, on [ɔ̃] 　　: bonbon [bɔ̃bɔ̃]

特徴的な子音字の発音

s [s] 　　　　　: poisson [pwasɔ̃]
　[z]（母音字 + s+ 母音字）: cuisine [kɥizin], infusion [ɛ̃fyzjɔ̃], gésier [ʒezje]
ch [ʃ] 　　　　: châtaigne [ʃɑtɛɲ], champignon [ʃɑ̃piɲɔ̃], artichaud [aʁtiʃo], chantilly [ʃɑ̃tiji]
gn [ɲ] 　　　　: Armagnac [aʁmaɲak], beignet [bɛɲɛ], agneau [aɲo]
ge [ʒ] 　　　　: courge [kuʁʒ], fromage [fʁɔmaʒ]
qu [k] 　　　　: coquille [kɔkij], maquereau [makʁo]
ill [ij] 　　　　: cabillaud [kabijo], papillote [papijɔt], andouille [ɑ̃duj]（例外 : ville [vil]）

文法のまとめと補足

LEÇON 1

名詞

● フランス語の名詞には男性名詞／女性名詞、単数形／複数形がある。
● 複数形は原則として語尾に s をつける。

	単数	複数
男性名詞	citron	citrons
女性名詞	pomme	pommes

● 男性名詞の語尾に e や ère をつけて女性名詞をつくる場合がある。
Japonais / Japonaise　cuisinier / cuisinière　pâtissier / pâtissière　sommelier / sommelière
● 単数形の形が s, x, z で終わっている場合、複数形に s はつけない。（単複同形）
radis / radis　pois / pois　riz / riz
● -eau, -ou で終わる単語の場合、複数形は s ではなく x を語尾につけることが多い。
eau / eaux　veau / veaux　chou / choux
● -al で終わる単語の場合、複数形は語尾が -aux になる場合がある。
animal / animaux　cheval / chevaux
　→ほかにも例外がある。辞書では、男性名詞は (*m.*)、女性名詞は (*f.*)、複数形は (*pl.*) と表記される場合が多い。

冠詞

● 冠詞は 3 種類（定冠詞、不定冠詞、部分冠詞）あり、名詞の前につく。
● 名詞の種類（男性名詞／女性名詞、単数形／複数形）に合わせて変化する。
● 定冠詞は、特定のもの、あるいは総称を表す。
● 不定冠詞は、不特定のものを表す。
● 部分冠詞は、数えられない名詞につく。
● 母音または無音の h ではじまる名詞につく場合、le, la は l' になる（エリジョン）。

	男性名詞	女性名詞	複数
不定冠詞	un	une	des
定冠詞	le (l')	la (l')	les
部分冠詞	du (de l')	de (de l')	

LEÇON 2

C'est ～ Ce sont ～

> C'est　これは～（単数）です。
> Ce sont ～　これらは～（複数）です。

Qu'est-ce que c'est ?　それは何ですか？　— C'est une tomate.　それはトマトです。
Qu'est-ce que c'est ?　それは何ですか？　— Ce sont des gâteaux.　それらはケーキです。

主語人称代名詞

	単数		複数	
1 人称	je (j')	私は	nous	私たちは
2 人称	tu	君は	vous	あなたは・あなたたちは
3 人称	il	彼は	ils	彼らは・それらは
	elle	彼女は	elles	彼女らは・それらは

- 2 人称は、親しいあいだがらでは tu、初対面や目上の人に対しては vous を使う。
- vous は一人を指すときと二人以上を指すときがある。
- 3 人称は人に対してだけでなく、事物を指して使う場合がある。

être の活用

je	suis	nous	sommes
tu	es	vous	êtes
il	est	ils	sont
elle	est	elles	sont

形容詞

- 形容詞は名詞・代名詞を修飾する言葉。

  Il est cuisinier. 彼は料理人です。　　Elle est étudiante. 彼女は学生です。

- 原則として、名詞のうしろにおく。
- 結びつく名詞・代名詞の性数に合わせて変化する。

	単数形	複数形
男性名詞	un citron vert	des citrons verts
女性名詞	une pomme verte	des pommes vertes

- ただし、一部の形容詞は名詞の前におく。（　）内は特殊な変化をする女性形

  petit　　grand　　bon (bonne)　　mauvais　　　　jeune　　vieux (vieille)　　long (longue)
  court　　ancien (ancienne)　　　beau (belle)　　nouveau (nouvelle) など。

- また、beau, nouveau, vieux については、あとにくる名詞が母音または無音の h ではじまる場合、男性第二形 (bel, nouvel, vieil) を用いる。

	単数形	複数形
男性形	beau	beaux
	bel	
女性形	belle	belles

  un beau livre 美しい本　　un bel arbre 美しい木

- 複数名詞の前に形容詞をおくとき、不定冠詞 des は de に代わる。

  une joie nappe → de jolies nappes

LEÇON 3

er 動詞の活用

parler

je	parle	nous	parlons
tu	parles	vous	parlez
il	parle	ils	parlent
elle	parle	elles	parlent

aimer

j'aime		nous	aimons
tu	aimes	vous	aimez
il	aime	ils	aiment
elle	aime	elles	aiment

疑問文の作り方

1. イントネーション（語尾を上げる）　　　　　Vous parlez français ?
2. 文頭に Est-ce que をつける。　　　　　Est-ce que vous parlez français ?
3. 主語と動詞を倒置して -（ハイフン）で結ぶ。　Parlez-vous français ?

否定文の作り方

● 動詞を ne と pas ではさむ。

Je ne travaille pas.　　　　　私は働いていません。

● 母音または無音の h ではじまる動詞の前では ne は n' となる。（エリジョン）

Elle n'aime pas les gâteaux.　彼女はケーキが好きではありません。

● 直接目的語につく不定冠詞は否定文中では de (d') になる。（否定の de）

Il ne mange pas de viande.　　彼は肉を食べません。

Au travail ! +補足

人称代名詞の強勢形

	単数		複数	
1人称	moi	私	nous	私たち
2人称	toi	君	vous	あなた（たち）
3人称	lui	彼	eux	彼ら
	elle	彼女	elles	彼女ら

● 主語を強調したい場合に用いる。　Moi, je suis cuisinière. 私は料理人です。
● c'est のあとに用いる。　　　　　C'est vous ? あなたですか? — Oui, c'est moi. はい、私です。
● 前置詞のあとは強勢形を用いる。　Je travaille chez elle. 私は彼女の家で働いている。

ir 動詞の活用

finir

je	finis	nous	finissons
tu	finis	vous	finissez
il	finit	ils	finissent
elle	finit	elles	finissent

縮約形

à + le → au　　　　　　　　de + le → du
à + les → aux　　　　　　　de + les → des
à + l' / à + la → そのまま　　de + l' / de + la → そのまま

指示形容詞

男性単数	女性単数	単数
ce (cet)	cette	ces

- 「この、その、あの」を表し、名詞の性数にあわせて変化する。
- 母音または無音の h ではじまる単語の前では cet を使う。

  ce couteau　　cette table　　cet homme

所有形容詞

	男性単数	女性単数	複数
私の	mon	ma (mon)	mes
きみの	ton	ta (ton)	tes
彼の・彼女の・それの	son	sa (son)	ses
私たちの	notre		nos
あなた（たち）の	votre		vos
彼らの・彼女らの・それらの	leur		leurs

- 名詞の性数にあわせて変化する。

LEÇON 4

avoir の活用

j'ai		nous	avons
tu	as	vous	avez
il	a	ils	ont
elle	a	elles	ont

LEÇON 5

aller の活用

je	vais	nous	allons
tu	vas	vous	allez
il	va	ils	vont
elle	va	elles	vont

venir の活用

je	viens	nous	venons
tu	viens	vous	venez
il	vient	ils	viennent
elle	vient	elles	viennent

prendre の活用

je	prends	nous	prenons
tu	prends	vous	prenez
il	prend	ils	prennent
elle	prend	elles	prennent

aller ＋ 原形

① 〜しに行く。

　Je vais étudier à la bibliothèque.　　私は図書館に勉強しに行く。

② 〜するつもりだ。〜するだろう。（近接未来）

　Nous allons faire les courses.　　　私たちは買い物をするつもりだ。

venir de ＋ 原形

～したところだ。　～したばかりだ。（近接過去）

Nous venons de manger au restaurant. 私たちはレストランで食事をしたところだ。

LEÇON 6

複合過去

● avoir (être) ＋ 過去分詞

Nous avons dîné ensemble. 私たちは一緒に夕食を食べた。

● 以下の動詞を複合過去にするさい、助動詞に être を用いる。

| aller | venir | partir | arriver | entrer | sortir |
| rester | rentrer | monter | descendre | naître | mourir |

Il est parti ce matin. 彼は今朝出発した。

● être を助動詞とする複合過去では、過去分詞を主語に性数一致させる。

Elle est allée à Paris. 彼女はパリに行った。

● 複合過去の否定文は、助動詞を ne と pas ではさむ。

Vous n'avez pas habité en France. あなたはフランスに住んだことはない。

過去分詞

● er 動詞の過去分詞　-er を -é に変える。　　parler → parlé
● ir 動詞の過去分詞　-ir を -i に変える。　　finir → fini
● 不規則動詞の過去分詞

être → été　avoir → eu　venir → venu　fondre → fondu　frire → frit

疑問形容詞

quel どの〜、どんな〜、　＊後ろにくる名詞に性数一致する

	単数形	複数形
男性名詞	quel	quels
女性名詞	quelle	quelles

● quel ＋ 名詞 ＋ 動詞

Quelle couleur aimez-vous ? どの色がお好きですか？

● quel ＋ être ＋ 主語

Quel est le numéro de table ? テーブル番号は何番ですか？

さまざまな否定文

ne 〜 plus	もう〜ない	Elle n'est plus là.	彼女はもうそこにいない。
ne 〜 jamais	けっして〜ない	Il ne voit jamais sa femme.	彼は妻にけっして会わない。
ne 〜 rien	何も〜ない	Je ne mange rien ce soir.	私は今夜何も食べない。
ne 〜 personne	誰も〜ない	Il n'y a personne dans la salle.	部屋には誰もいない。
ne 〜 que …	…しか〜ない	Je ne pense qu'à toi.	私は君のことしか考えない。

受動態

- être ＋ 過去分詞
- 過去分詞は主語に性数一致する。
- 動作主を表す場合は par を用いる。
- ただし、状態を表す動詞の受動態の場合は de を用いる。

Mon frère nettoie la chambre. → La chambre est nettoyée par mon frère.
部屋は私の兄（弟）によって清掃された。

Tout le monde connaît ce plat. → Ce plat est connu de tout le monde.
この料理はみんなに知られている。

Guy a invité Claire à dîner. → Claire a été invitée à dîner par Guy.
クレールはギーに夕食に招待された。

半過去

parler

je	parlais	nous	parlions
tu	parlais	vous	parliez
il	parlait	ils	parlaient
elle	parlait	elles	parlaient

- 過去における習慣や状況を表す。
- 語幹は現在形の nous の活用から語尾の -ons をのぞいた部分。

Quand je suis allé au restaurant, c'était complet.
私がレストランに行ったとき、いっぱいだった。

Quand elle habitait à Paris, elle allait au marché chaque semaine.
彼女がパリに住んでいたとき、毎週マルシェに行っていた。

LEÇON 7

Il faut 〜

- Il faut ＋ 名詞　〜が必要だ。
Il faut deux œufs pour faire une omelette.　オムレツを作るのに卵が 2 つ必要だ。
- Il faut ＋ 原形　〜しなければならない。
Il faut aller à l'hôpital.　　　　　　　　　　病院に行かなければならない。

faire の活用

je	fais	nous	faisons
tu	fais	vous	faites
il	fait	ils	font
elle	fait	elles	font

pouvoir の活用

je	peux	nous	pouvons
tu	peux	vous	pouvez
il	peut	ils	peuvent
elle	peut	elles	peuvent

vouloir の活用

je	veux	nous	voulons
tu	veux	vous	voulez
il	veut	ils	veulent
elle	veut	elles	veulent

devoir の活用

je	dois	nous	devons
tu	dois	vous	devez
il	doit	ils	doivent
elle	doit	elles	doivent

LEÇON 8

比較級

plus	（＋）		…より〜だ
aussi	（＝）＋ 形容詞・副詞 ＋ que (qu') 〜		…と同じくらい〜だ
moins	（−）		…ほど〜ではない

Zoé est plus grande qu'Emma. ゾエはエマより背が高い。
Emma est aussi grande que David. エマはダヴィドと同じくらいの背の高さだ。
David est moins grand que Zoé. ダヴィドはゾエほど背が高くない。

最上級

● 定冠詞 (le la les) ＋ 形容詞の比較級 ＋ de　…でもっとも〜だ
Elle est la plus grande de cette classe. 彼女はこのクラスでもっとも背が高い。

● 定冠詞 (le) ＋ 副詞の比較級 ＋ de　…でもっとも〜
Il coupe les concombres le plus vite de nous tous.
彼は私たちのあいだでもっとも早くキュウリを切る。

特殊な比較級

● 形容詞　bon　~~plus bon(ne)~~　meilleur(e)
C'est le meilleur vin de ce domaine.　それはこのドメーヌでもっともいいワインです。

● 副詞　bien　~~plus bien~~　mieux
Elle parle français mieux que toi.　彼女は君よりフランス語が上手だ。

LEÇON 9

代名詞

● 直接補語人称代名詞　〜を

	単数		複数	
1人称	me (m')	私を	nous	私たちを
2人称	te (t')	君を	vous	あなた（たち）を
3人称	le (l')	彼を・それを	les	彼らを・それらを
	la (l')	彼女	les	彼女らを・それらを

Je vous écoute.　お伺いします。

● 間接補語人称代名詞　〜に

	単数		複数	
1人称	me (m')	私に	nous	私たちに
2人称	te (t')	君に	vous	あなたたちに
3人称	lui	彼に	leur	彼らに
	lui	彼女に	leur	彼女らに

Je téléphone à Léa.　私はレアに電話する。 → Je lui téléphone.　私は彼女に電話する。

中性代名詞

● y　（à + 名詞）あるいは（場所を示す前置詞＋名詞）に代わる。

Vous allez à Bordeaux ?　　　　　あなたはボルドーに行きますか？

　— Oui, j'y vais.　　　　　　　はい、私はそこに行きます。

Elle est déjà allée en France ?　　彼女はすでにフランスに行ったことがありますか？

　— Oui, elle y est allée.　　　　はい、彼女はそこに行ったことがあります。

● en　（de + 名詞）あるいは（不定冠詞、部分冠詞、数量表現をともなう名詞）を示す。

Vous avez des frères ?　　　　　あなたには兄弟がいますか？

　— Oui, j'en ai deux.　　　　　はい、私には二人います。

Tu as besoin de baguettes ?　　きみはお箸が必要ですか？

　— Non, je n'en ai pas besoin.　いいえ、私にそれは必要ありません。

● le　属詞としての形容詞 あるいは 前文全体を示す。

Tu es heureux ?　　　　　　　　君は幸せ？

　— Non, je ne le suis pas.　　　いいえ、私はそうではありません。

Il veut habiter en France ?　　　彼はフランスに住みたいの？

　— Oui, il le veut.　　　　　　はい、彼はそう望んでいます。

Au travail ! +補足

関係代名詞

● qui　先行詞が主語の場合。

C'est Albert qui m'a donné ce cadeau.　　このプレゼントを私にくれたのはアルベールだ。

● que　先行詞が目的語の場合。

Elle a vu la femme que j'aime.　　彼女は私が好きな女性に会った。

● dont　先行詞が de + 名詞となる場合。

Voici Pascale dont je t'ai souvent parlé.　こちらが君によく話していたパスカルです。

● où　先行詞が場所、時を表す場合。

Voilà l'hôtel où nous allons loger ce soir.　ここが今晩私たちが泊まるホテルです。

単純未来

parler

je	parlerai	nous	parlerons
tu	parleras	vous	parlerez
il	parlera	ils	parleront
elle	parlera	elles	parleront

● 未来のことがらを表す。

Elles partiront pour le concours dans huit jours.　一週間後、彼女たちはコンクールに出発する。

● 二人称では命令を示す。

Vous nettoierez votre chambre avant de partir.

　　出発までにあなたの部屋をきれいにしておいてください。

● ただし、単純未来形の語幹をもつ動詞もある。

avoir → j'aurai　être → je serai　aller → j'irai　faire → je ferai　pouvoir → je pourrai など

ジェロンディフ

- en + 現在分詞（-ant）

    Il cuisine en chantant. 　　　　　　　　　　　　　彼は歌いながら料理する。

- 同時性、手段、条件、理由などを表す。
- ジェロンディフの前に tout が置かれると対立を表す。

    Tout en travaillant beaucoup, je suis pauvre. 　　たくさん働いているにもかかわらず、私は貧乏です。

現在分詞

- 直説法現在 1 人称複数（nous）の活用語尾 -ons を -ant に変えた形。
- 例外的な語幹をもつ動詞もある。

    être → étant　　avoir → ayant　　savoir → sachant

LEÇON 10

命令法

    Parle !（tu に対する命令）
    Parlons !（nous に対する命令）
    Parlez !（vous に対する命令）

- 直説法現在の tu, nous, vous の活用から主語をとる。
- tu の活用語尾が es で終わる場合、および aller の場合、語末の s をとる。

    Tu donnes → Donne !　Tu vas → Va !

- être, avoir など、特別な活用をするものもある。

    être → sois / soyons / soyez　　avoir → aie / ayons / ayez

- nous に対する命令は勧誘の意味。

LEÇON 11

疑問のまとめ

    quand 　　　　　　　いつ
    où 　　　　　　　　どこ
    comment 　　　　　どのように
    pourquoi 　　　　　なぜ
    — parce que 　　　なぜなら
    combien 　　　　　いくつ、いくら
    combien de + 名詞　いくつの〜、いくらの〜

	主語（が）	直接目的補語（を）
誰	qui est-ce qui / qui	qui est-ce que / qui
何	qu'est-ce qui	qu'est-ce que / que / quoi

    Qui est-ce qui cuisine ? / Qui cuisine ? 　　　　　　　誰が料理しているの？
    Qu'est-ce qui arrive ? 　　　　　　　　　　　　　　何があったの？
    Qui est-ce que tu aimes ? / Qui aimes-tu ? / Tu aimes qui ? 　君は誰を好きなの？
    Qu'est- ce qu'il fait ? / Que fait-il ? / Il fait quoi ? 　　彼は何しているの？

LEÇON 12

代名動詞

se coucher

je	me	couche	nous	nous	couchons
tu	te	couches	vous	vous	couchez
il	se	couche	ils	se	couchent
elle	se	couche	elles	se	couchent

再帰的用法　自分自身を〜する　　　Elle se couche tôt. 彼女は早く寝る。（彼女は自分自身を早く寝かせる）
相互的用法　お互いに〜しあう　　　Ils se téléphonent souvent. 彼らはよく電話しあっている。
受動的用法　〜される　　　　　　　Cette recette ne se lit plus. このレシピはもう読まれていない。
本質的用法　代名動詞のみで用いる　Je me souviens de mes vacances. 私は休暇のことをおぼえている。

● 再帰代名詞が直接目的補語の場合、過去分詞は主語に性数一致する。

　　Elle ne s'est pas levée à 6 heures. 彼女は 6 時には起きていなかった。

Au travail ! +補足

使役動詞

faire + 原形　　　〜させる。
　Il me fait rire　　　　　　　　　　　　　　彼は私を笑わせる。
laisser + 原形　　〜させる。　〜させておく。
　Elle laisse brûler les carottes à chaque fois. 毎回、彼女はニンジンを焦がす。

条件法

parler

je	parlerais	nous	parlerions
tu	parlerais	vous	parleriez
il	parlerait	ils	parleraient
elle	parlerait	elles	parleraient

● 語幹は単純未来と同じ、語尾は半過去の活用語尾と共通。
● 用法
　①反実仮想
　　Si + 直説法半過去 , 条件法現在　　　もし〜なら、…なのに（じっさいは〜しない）。
　　Si j'avais de l'argent, je me marierais avec elle. もしお金があったら、彼女と結婚するのですが。
　②語気緩和
　　Je voudrais vous revoir.　　　　　　　　またお会いしたいのですが。
　　Pourriez-vous m'aider ?　　　　　　　　手伝っていただけますでしょうか。

接続法

parler

que	je	parle	que	nous	parlions
que	tu	parles	que	vous	parliez
qu'il		parle	qu'ils		parlent
qu'elle		parle	qu'elles		parlent

- 直説法現在 ils の活用から -ent を取り除いた部分が語幹。
- ただし、特殊な語幹をもつ動詞がある。

  aller → aille　　venir → vienne

- 主観的なことがら（義務・願望・感情・不確実なことがら）などを表す。

  Il faut que j'y aille.　　　　私は行かなければならない。
  Je veux qu'il reste.　　　　私は彼にとどまってほしい。
  Je suis content que tu viennes.　　私は君が来てくれてうれしい。
  Il est possible qu'elle soit fâchée.　彼女は怒っているかもしれない。

単語の補足 ① （日常の単語）

● 日付・時間　Date・Temps

janvier 1 月　　février 2 月　　mars 3 月　　　avril 4 月　　　mai 5 月　　　juin 6 月
juillet 7 月　　août 8 月　　septembre 9 月　　octobre 10 月　　novembre 11 月　　décembre 12 月

lundi 月曜日　　mardi 火曜日　　mercredi 水曜日　　jeudi 木曜日
vendredi 金曜日　　samedi 土曜日　　dimanche 日曜日

matin (m.) 朝　　midi (m.) 正午　　après-midi (m.) 午後　　soir (m.) 夕方　　nuit (f.) 夜
avant-hier 一昨日　　hier 昨日　　aujourd'hui 今日　　demain 明日　　après-demain 明後日
maintenant 今　　tout à l'heure さっき　　plus tard 後で

saison (f.) 季節　　printemps (m.) 春　　été (m.) 夏　　　automne (m.) 秋　　hiver (m.) 冬

● 場所　Lieux

aéroport (m.) 空港　　　　　gare (f.) 電車の駅　　　　station de métro (f.) 地下鉄の駅
restaurant (m.) レストラン　　café (m.) カフェ　　　　boutique (f.) 店　　　　magasin (m.) 店
maison (f.) 家　　　　　　hôpital (m.) 病院　　　　musée (m.) 美術館　　　　bibliothèque (f.) 図書館
parc (m.) 公園　　　　　　poste (f.) 郵便局　　　　office de tourisme (m.) 観光案内所
supermarché (m.) スーパー　　boucherie (f.) 肉屋　　　charcuterie (f.) 肉屋（豚肉、ハム、ソーセージ）
poissonnerie (f.) 魚屋　　　fromagerie (f.) チーズ屋　　pâtisserie (f.) 菓子屋　　boulangerie (f.) パン屋
épicerie (f.) 食料品店　　　librairie (f.) 本屋　　　pharmacie (f.) 薬局　　　école (f.) 学校

● 交通　Transports

avion (m.) 飛行機　　train (m.) 電車　　　bus (m.) バス　　　voiture (f.) 車　　vélo (m.) 自転車
bateau (m.) 船　　　aller-retour (m.) 往復　　aller simple (m.) 片道　　arrivée (f.) 到着　　départ (m.) 出発
billet (m.) チケット　　correspondance (f.) 乗り換え　　quai (m.) プラットホーム
bagage (m.) 荷物　　valise (f.) スーツケース

● 職業　Professions

acteur/actrice 俳優　　artiste 芸術家　　chanteur/chanteuse 歌手
professeur 教師　　médecin 医師　　cuisinier/cuisinière 料理人　　sommelier/sommelière ソムリエ
pâtissier/pâtissière 菓子職人　　vendeur/vendeuse 販売員　　musicien/musicienne 音楽家

● 持ち物　Objets

carte bleue (f.) デビットカード　　cahier (m.) ノート　　clé (f.) 鍵　　dictionnaire (m.) 辞書
ordinateur (m.) パソコン　　portefeuille (m.) 財布　　sac (m.) 鞄　　montre (f.) 腕時計　　stylo (m.) ペン

● 家族　Membres de la famille
famille (*f.*) 家族　　　père (*m.*) 父　mère (*f.*) 母　frère (*m.*) 兄弟　sœur (*f.*) 姉妹
grand-père (*m.*) 祖父　grand-mère (*f.*) 祖母

● 趣味　Loisirs
cinéma (*m.*) 映画　lecture (*f.*) 読書　musique (*f.*) 音楽　peinture (*f.*) 絵画　photo (*f.*) 写真
shopping (*m.*) ショッピング　　　sport (*m.*) スポーツ　théâtre (*m.*) 演劇

● 建物　Bâtiments
maison (*f.*) 家　　　porte (*f.*) ドア　　　chambre (*f.*) 寝室　　　lit (*m.*) ベッド　chaise (*f.*) 椅子
fenêtre (*f.*) 窓　　　douche (*f.*) シャワー　toilettes (*f. pl.*) トイレ　rez-de-chaussée (*m.*) 一階
entrée (*f.*) 入口　　sortie (*f.*) 出口　　　appartement (*m.*) マンション、アパート
escalier (*m.*) 階段　ascenseur (*m.*) エレベーター

● 衣類　Vêtements
veste (*f.*) 上着　　　chemise (*f.*) ワイシャツ　pull (*m.*) セーター　　　manteau (*m.*) コート　robe (*f.*) ドレス
jupe (*f.*) スカート　pantalon (*m.*) ズボン　　　lunettes (*f. pl.*) めがね　chaussures (*f. pl.*) 靴

● 身体　Parties du corps
tête (*f.*) 頭　　　visage (*m.*) 顔　　　œil (*m.*) (yeux (*pl.*)) 目　oreille (*f.*) 耳　nez (*m.*) 鼻
bouche (*f.*) 口　　dent (*f.*) 歯　　　cheveux (*m. pl.*) 髪　　cou (*m.*) 首　gorge (*f.*) のど
épaule (*f.*) 肩　　poitrine (*f.*) 胸　　bras (*m.*) 腕　　　　main (*f.*) 手　doigt (*m.*) 指
ventre (*m.*) 腹　　dos (*m.*) 背中　　jambe (*f.*) 脚　　　pied (*m.*) 足

● 天気・自然　Temps・Nature
temps (*m.*) 天気　météo (*f.*) 天気予報　soleil (*m.*) 太陽　nuage (*m.*) 雲　pluie (*f.*) 雨　　neige (*f.*) 雪
vent (*m.*) 風　　　étoile (*f.*) 星　　　arbre (*m.*) 木　forêt (*f.*) 森　bois (*m.*) 森、林　fleur (*f.*) 花
montagne (*f.*) 山　mer (*f.*) 海　　　rivière (*f.*) 川　fleuve (*m.*) 河　abeille (*f.*) ミツバチ
plage (*f.*) 砂浜　　sable (*m.*) 砂　　terre (*f.*) 大地　île (*f.*) 島

● 地名とその形容詞　Région et leurs adjectifs

都市名　Villes
Amiens アミアン　　　　　→ amiénois(e)
Bayonne バイヨンヌ　　　→ bayonnais(e)
Béarn ベアルヌ　　　　　→ béarnais(e)
Bordeaux ボルドー　　　→ bordelais(e)
Bresse ブレス　　　　　→ bressan(e)
Charolles シャロル　　　→ charollais(e)
Dijon ディジョン　　　　→ dijonnais(e)
Lille リール　　　　　　→ lillois(e)
Lyon リヨン　　　　　　→ lyonnais(e)
Marseille マルセイユ　　→ marseillais(e),
　　　　　　　　　　　　　phocéen (phocéenne)
Nancy ナンシー　　　　→ nancéien (nancéienne)
Nantes ナント　　　　　→ nantais(e)
Nice ニース　　　　　　→ niçois(e)
Paris パリ　　　　　　　→ parisien (parisienne)
Périgord ペリゴール　　→ périgourdin(e)
Strasbourg ストラスブール　→ strasbourgeois(e)
Toulouse トゥールーズ　→ toulousain(e)

Tokyo 東京　　　　　　→ tokyoïte

地方名　Régions
Alsace アルザス　　　　　→ alsacien (alsacienne)
Basque バスク　　　　　→ basque, basquais(e)
Bourgogne ブルゴーニュ　→ bourguignon
　　　　　　　　　　　　　(bourguignonne)
Bretagne ブルターニュ　　→ breton (bretonne)
Champagne シャンパーニュ　→ champenois(e)
Limousin リムーザン　　　→ limousin(e)
Normandie ノルマンディー　→ normand(e)
Provence プロヴァンス　　→ provençal(e)

国名　Pays
Allemagne ドイツ　　　　　→ allemand(e)
Amérique, États-Unis アメリカ　→ américain(e)
Angleterre イギリス　　　→ anglais(e)
Chine 中国　　　　　　　→ chinois(e)
Corée 韓国　　　　　　　→ coréen (coréenne)
Espagne スペイン　　　　→ espagnol(e)
France フランス　　　　　→ français(e)
Italie イタリア　　　　　→ italien (italienne)
Japon 日本　　　　　　　→ japonais(e)

● 外見　Apparence (physique)

beau / bel (belle) 美しい　joli(e) きれい　grand(e) 大きい　petit(e) 小さい
gros (grosse) 太った　fin(e) 細かい、薄い　mince ほっそりした　maigre やせた
gentil (gentille) やさしい　méchant(e) いじわるな　sympathique 感じのいい　calme 静かな
drôle 愉快な　intelligent(e) かしこい　sérieux (sérieuse) 真面目な
timide 恥ずかしがりな　bavard(e) おしゃべりな　travailleur (travailleuse) 勤勉な

● 感情・評価　Sentiments・Appréciations

amusant(e) おもしろい　agréable 心地よい　bon (bonne) 良い 美味しい　bizarre 奇妙な
difficile 難しい　dur(e) 大変な　ennuyeux (ennuyeuse) 退屈な
excellent(e) すばらしい　facile 簡単な　important(e) 重要な　intéressant(e) 興味深い
magnifique すばらしい　mauvais(e) 悪い　triste 悲しい

● 色　Couleurs

rouge 赤い　bleu(e) 青い　jaune 黄色い　vert(e) 緑の　noir(e) 黒い
blanc (blanche) 白い　rose ピンクの　orange オレンジの　brun(e) 茶色い　violet (violette) 紫の
gris(e) 灰色の　doré(e) 金色の　argenté(e) 銀色の

● er 動詞　Verbes en -er

acheter 買う　arriver 到着する　chanter 歌う　chercher 探す　danser 踊る
demander 尋ねる　donner 与える　écouter 聞く　étudier 勉強する　habiter 住む
manger 食べる　marcher 歩く　montrer 示す　parler 話す　regarder 見る
rencontrer 出会う　rentrer 帰る　rester とどまる　travailler 働く　trouver 見つける

● ir 動詞　Verbes en -ir

choisir 選ぶ　finir 終える　réussir 成功する

● 代名動詞　Verbes pronominaux

se réveiller 目覚める　se lever 起きる　se coucher 寝る　s'habiller 着る　se déshabiller 脱ぐ
se promener 散歩する　se reposer 休む

● 不規則動詞　Verbes irréguliers

aller 行く　venir 来る　sortir 出る　partir 出発する　prendre とる、のる
faire する、つくる　voir 見る　lire 読む　écrire 書く　dormir 寝る
pouvoir 〜できる　devoir 〜しなくてはならない　vouloir 〜したい
savoir 知っている　connaître 知っている　mettre 置く、入れる、加える、足す

● 副詞　Adverbes

absolument 絶対的に　également 等しく　ensemble 一緒に　évidemment もちろん
habituellement 通常　lentement ゆっくり　normalement 普通に　parfois ときどき
plutôt むしろ　rarement まれに　rapidement 速く　seul ひとりで
soigneusement ていねいに　tôt 早く　toujours いつも　très とても
trop 〜すぎる　vraiment 本当に　vite いそいで

● 接続詞　Conjonctions

cependant しかしながら　donc だから　et そして　mais しかし　ou あるいは　car というのも

● 前置詞　Prépositions

à 〜に、〜へ、〜で　de 〜の、〜から、〜について、〜によって
sur 〜の上に　sous 〜の下に　devant 〜の前に　derrière 〜の後ろに
dans 〜の中に　avant 〜の前に　après 〜の後に　depuis 〜以来
avec 〜と一緒に　sans 〜なしに　par 〜によって　pour 〜のために
comme 〜として、〜のように　malgré 〜にもかかわらず

単語の補足 ② （調理の単語）

● 魚・貝・甲殻類　Poissons・Coquillages・Crustacés

anchois (m.) アンチョビ
anguille (f.) ウナギ
bar (m.) スズキ
cabillaud (m.) タラ
calmar (m.) イカ
coquille Saint-Jacques (f.) ホタテ貝
crabe (m.) カニ
daurade (f.) 鯛
homard (m.) オマール海老
huître (f.) 牡蠣
langouste (f.) 伊勢海老
loup (m.) スズキ
maquereau (m.) サバ
moule (f.) ムール貝
oursin (m.) ウニ
sardine (f.) イワシ
saumon (m.) サーモン
sole (f.) 舌平目
thon (m.) マグロ
truite (f.) マス
turbot (m.) カレイ

● 肉・鳥肉・卵　Viandes・Volailles・Œuf

agneau (m.) 仔羊肉
mouton (m.) 羊肉
bœuf (m.) 牛肉
canard (m.) カモ
dinde (f.) 七面鳥
lapin (m.) ウサギ
porc (m.) 豚肉
poularde (f.) 肥育鶏
poulet (m.) 若鶏
œuf (m.) 卵 （blanc d'〜 (m.) 卵白　jaune d'〜 (m.) 卵黄）
veau (m.) 仔牛肉

● 部位　Morceaux

abats (m. pl.) 内臓
carré (m.) 骨付き背肉 （塊）
cœur (m.) 心臓
côte (f.) （牛や豚の）骨付き背肉
côtelette (f.) （仔牛や仔羊の）骨付き背肉
cuisse (f.) もも肉
escalope (f.) 薄切り肉、切り身
entrecôte (f.) リブロース
filet (m.) フィレ
foie (m.) レバー
jarret (m.) すね肉
poitrine (f.) 胸肉
ris de veau (m.) 胸腺肉

● 野菜・きのこ　Légumes・Champignons

ail (m.) ニンニク
artichaut (m.) アーティチョーク
asperge (f.) アスパラガス
aubergine (f.) ナス
betterave (f.) ビーツ
carotte (f.) ニンジン
céleri (m.) セロリ
cèpe (m.) セップ茸
chou (m.) キャベツ
chou chinois (m.) 白菜
concombre (m.) キュウリ
courge (f.) カボチャ （総称）
citrouille (f.) 西洋カボチャ
potiron (m.) カボチャ
courgette (f.) ズッキーニ
échalote (f.) エシャロット
endive (f.) チコリ
épinard (m.) ホウレンソウ
fenouil (m.) フェンネル
fève (f.) そら豆
haricot (m.) インゲン
laitue (f.) レタス
maïs (m.) トウモロコシ
morille (f.) モリーユ茸
navet (m.) カブ
oignon (m.) タマネギ
persil (m.) パセリ
poireau (m.) ポロネギ
pois (m.) 豆
poivron (m.) ピーマン
pomme de terre (f.) ジャガイモ
radis (m.) ラディッシュ
soja (m.) 大豆
tomate (f.) トマト
truffe (f.) トリュフ

● 果物　Fruits

abricot (m.) アンズ
amande (f.) アーモンド
ananas (m.) パイナップル
banane (f.) バナナ
cerise (f.) サクランボ
citron (m.) レモン
clémentine (f.) ミカン
figue (f.) イチジク
fraise (f.) イチゴ
framboise (f.) ラズベリー
mangue (f.) マンゴー
marron (m.) 栗
melon (m.) メロン
mirabelle (f.) ミラベル
mûre (f.) ブラックベリー
myrtille (f.) ブルーベリー
noix (f.) クルミ
orange (f.) オレンジ
pamplemousse (m.) グレープフルーツ
pastèque (f.) スイカ
pêche (f.) モモ
poire (f.) 洋ナシ
pomme (f.) リンゴ
prune (f.) プラム
raisin (m.) ブドウ

● 飲み物　Boissons

apéritif (m.) 食前酒　armagnac (m.) アルマニャック　bière (f.) ビール
café (m.) コーヒー　calvados (m.) カルヴァドス　chocolat (m.) ココア
cidre (m.) シードル　cognac (m.) コニャック　digestif (m.) 食後酒
eau (f.) 水　eau-de-vie (f.) 蒸留酒　eau minérale (f.) ミネラルウォーター
jus (m.) ジュース　kir (m.) キール　lait (m.) 牛乳
liqueur (f.) リキュール　monaco (m.) モナコ　panaché (m.) パナシェ
pastis (m.) パスティス　sirop (m.) シロップ　thé (m.) 紅茶
tisane (f.), infusion (f.) ハーブティー　vin (m.) ワイン

● 調味料・スパイス　Condiments・Épices

bouquet garni (m.) ブーケガルニ　　cannelle (f.) シナモン
cumin (m.) クミン　huile (f.) 油　moutarde (f.) マスタード
poivre (m.) こしょう　sel (m.) 塩　sucre (m.) 砂糖
vanille (f.) バニラ　vinaigre (m.) ビネガー

● 調理器具・食器　Ustensiles de cuisine・Vaiselles

assiette (f.) 小皿　baguettes (f. pl.) 箸　bol (m.) ボウル
bouteille (f.) ボトル、瓶　casserole (f.) 片手鍋　chinois (m.) シノワ
ciseaux (m. pl.) はさみ　cocotte (f.) 両手鍋　congélateur (m.) 冷凍庫
couteau (m.) ナイフ、包丁　cuillère (f.) スプーン　fouet (m.) 泡だて器
four (m.) オーブン　fourchette (f.) フォーク　marmite (f.) 鍋
micro-onde (f.) 電子レンジ　moule (m.) 型　planche à découper (f.) まな板
plat (m.) 皿　poêle (f.) フライパン　réfrigérateur (m.)、frigo (m.) 冷蔵庫
tamis (m.) ふるい　tasse (f.) カップ　tire-bouchon (m.) 栓抜き
verre (m.) グラス

● 動詞　Verbes

ajouter 加える　assaisonner 味をつける
blanchir 白っぽくなるまで混ぜる、アク抜きする　bouillir ゆでる、煮る
braiser 蒸し煮する　ciseler 細かく刻む　concasser あらぎりにする
cuire 火をとおす、火がとおる　décortiquer 殻を取る　découper 切り分ける
désosser 骨をとりのぞく　détailler 細かく切る　écailler うろこを落とす
éplucher 皮をむく　émincer 薄切りにする　farcir（鳥、魚、野菜などに）詰める
flamber フランベする　fondre 溶かす　fouetter 泡立てる
fourrer 詰める　＊主に製菓で用いる。　frire 油で揚げる
fumer 燻製にする　griller 焼く　hacher みじん切りにする
mariner（漬け汁に）漬ける　mijoter 弱火で煮る　monder 湯むきする
pocher ゆで煮する　poêler フライパンで炒める
préchauffer あらかじめ温める、予熱する　préparer 準備する
râper 粉にする、おろす　revenir 炒める
rôtir 焼く、焼ける、ローストする　sauter 強火で炒める
tailler 切る　tamiser ふるいにかける

単語集 ＊本文に出てくる単語を中心に収録しています。

— A —

à 〜に、〜風の
alsacien (alsacienne) アルザスの
accent (m.) アクセント記号、なまり
acheter（過分：acheté）買う
acide 酸っぱい
actif (active) 活動的な
addition (f.) 会計
adorer（過分：adoré）大好き
agneau (m.) 仔羊肉
aider（過分：aidé）助ける
aimer（過分：aimé）好き
aller（過分：allé）行く
alors じゃあ、では
aloyau (m.) 腰肉
amer (amère) 苦い
ami(e) 友達
ananas (m.) パイナップル
anchois (m.) アンチョビ
ancien (ancienne) 古い
anniversaire (m.) 誕生日
août 8月
appareil (m.) 生地
après あとで
après-demain あさって
après-midi (m.) 午後
arrêter（過分：arrêté）止める
arrière (m.) 後ろ
arriver（過分：arrivé）到着する
artichaut (m.) アーティチョーク
asperge (f.) アスパラガス
assaisonner（過分：assaisonné）
　味をつける
assez 十分な
assiette (f.) 小皿
attention (f.) 注意
au revoir さようなら
aubergine (f.) ナス
aujourd'hui 今日
aussi 〜もまた
automne (m.) 秋
à l'avance 前もって
avant-hier 一昨日
avec 〜といっしょに
avec plaisir よろこんで
avocat (m.) アボカド
avoir（過分：eu）有る、持つ
　〜 besoin de 〜が必要である
　〜 chaud 暑い
　〜 envie de 〜したい
　〜 faim お腹がすいている
　〜 froid 寒い
　〜 hâte (de) 〜が楽しみ
　〜 l'air 〜の様子である
　〜 mal à 〜 〜が痛い

　〜 soif のどが渇いている
　〜 sommeil 眠い
　en 〜 marre (de) 〜にうんざりし
　ている
avril 4月

— B —

baguette (f.) フランスパン
balance (f.) はかり
banane (f.) バナナ
barquette (f.) パック
béarnais(e) ベアルヌの
beau / bel (belle) 美しい
beaucoup たくさん
beignet (m.) ベニエ、フリッター、
　揚げ菓子
betterave (f.) ビーツ
beurre (m.) バター
bien cuit(e) ウェルダン［肉の焼き
　加減］
bien sûr もちろん
bien よい、よく
bientôt そのうち、まもなく
　à 〜 またね
bière (f.) ビール
blanc (blanche) 白い
blanchir（過分：blanchi）白っぽ
　くなるまで混ぜる、アク抜きする
blé (m.) 小麦
bleu(e) 青い、レア［肉の焼き加減］
bœuf (m.) 牛肉
bois (m.) 森
boisson (f.) 飲み物
bol (m.) ボウル
bon (bonne) よい、おいしい
bonjour こんにちは
bonne journée よい一日を
bonne soirée 楽しい夜を
bonsoir こんばんは
botte (f.) 束
boucherie (f.) 肉屋
bouchon (m.) 栓
boulangerie (f.) パン屋
bouquet garni (m.) ブーケガルニ
bourguignon (bourguignonne) ブ
　ルゴーニュの
bouteille (f.) ボトル、瓶
braiser（過分：braisé）ブレゼする、
　蒸し煮する
branche (f.) 枝
brebis (f.) 雌羊
breton (bretonne) ブルターニュの
brin (m.) 〜本［単位］

— C —

c'est tout 以上です
c'est, ce sont これは〜です
ça a été ? どうでしたか？
ça それ
cabillaud (m.) タラ
cadeau (m.) プレゼント
café (m.) コーヒー、喫茶店
calme 落ち着いた
canard (m.) 鴨
cannelle (f.) シナモン
carafe (f.) ピッチャー、カラフェ
carotte (f.) ニンジン
carré (m.) 正方形、骨付き背肉（塊）
carte (f.) メニュー、カード
　par 〜 カードで
casserole (f.) 片手鍋
cassoulet (m.) カスレ
cave (f.) 酒蔵、地下室、倉庫
caviste (m.) 酒蔵係
ceci これ
céleri (m.) セロリ
cèpe (m.) セップ茸［キノコの種類］
cercle (m.) 丸、円
cerise (f.) サクランボ
chaise (f.) 椅子
Champagne (f.) シャンパーニュ地方
champagne (m.) シャンパン、シャ
　ンパーニュ
champignon (m.) キノコ
　〜 de Paris マッシュルーム
changer（過分：changé）変える、
　変わる
charnu(e) 肉厚の
chaud(e) 熱い、暑い
chauffer（過分：chauffé）あたた
　める、熱くなる
chef (m.) シェフ
par chèque 小切手で
cher (chère) 高い
chèvre (f.) ヤギ
chez 〜の家、〜のところに
chinois (m.) シノワ［調理器具］
chocolat (m.) チョコレート、ココア
choisir（過分：choisi）選ぶ
chou (m.) キャベツ
choucroute (f.) シュークルート
ciseaux (m. pl.) はさみ
citron (m.) レモン
citrouille (f.) 西洋カボチャ
clémentine (f.) ミカン
cocotte (f.) 両手鍋
cœur de bœuf (m.) クールドブフ
　［トマトの種類］
cognac (m.) コニャック

combien いくら、どれぐらい
comme 〜のように、〜として
commencer（過分：commencé）はじめる、はじまる
comment どのように
complet (complète) 満員の、すべての、いっぱいの
comprendre（過分：compris）理解する
concombre (m.) きゅうり
cône (m.) 三角錐
confit (m.) コンフィ
confiture (f.) ジャム
connaître（過分：connu）知る、知っている
conseiller（過分：conseillé）アドバイスをする
consistant(e) 粘り気のある、ボリュームのある
coquille (f.) 貝
　〜 Saint-Jacques ホタテ貝
corsé(e) 濃い、渋い、コクのある
se coucher（過分：couché）床につく
couloir (m.) 廊下
couper（過分：coupé）切る
　〜 en julienne 千切りにする
courgette (f.) ズッキーニ
couronne (f.) 冠
courses (f. pl.) 買い物
couteau (m.) ナイフ、包丁
coûter（過分：coûté）（費用が）かかる
couvert (m.) テーブルウェア、食器、客、名（客の数）
crème (f.) クリーム
crêpe (f.) クレープ
croquant(e) 歯ごたえのある
croustillant(e) かりかりした
cru(e) 生の
cube (m.) 立方体
cuillère (f.) スプーン
　〜 à café 小さじ
　〜 à soupe 大さじ
cuire（過分：cuit）火を通す、火が通る
cuisine (f.) 料理
cuisiner（過分：cuisiné）調理する
cuisinier (cuisinière) 料理人
cuisson (f.) 焼き方
cul de poule (m.) ステンレスボウル
cumin (m.) クミン

― D ―

d'abord まず
d'accord わかりました
d'habitude いつも

dans 〜のなかで
qualité (f.) 品質
　de 〜 品質のよい
débarrasser（過分：débarrassé）片づける
décembre 12月
décortiquer（過分：décortiqué）殻をむく
degré (m.) 〜度［温度、気温］
délicatement 慎重に
demain 明日
　à 〜 また明日！
demandé 需要がある、人気がある
demander（過分：demandé）注文する、尋ねる
demi(e) 半分
se dépêcher（過分：dépêché）急ぐ
derrière 後ろ
dessert (m.) デザート
détailler（過分：détaillé）小さくする
　〜 en rondelles 輪切りにする
détester（過分：détesté）大嫌い
devenir（過分：devenu）〜になる
dimanche (m.) 日曜日
dinde (f.) 七面鳥
dîner（過分：dîné）夕食をとる
dire（過分：dit）言う
directement じかに
donner（過分：donné）与える
dorade, daurade (f.) 鯛
doucement そっと
se doucher（過分：douché）シャワーを浴びる
doux (douce) 甘い
à droite 右に
dur(e) 硬い、きびしい、むずかしい

― E ―

eau (f.) 水
　〜 minérale (f.) ミネラルウォーター
　〜 gazeuse (f.) 炭酸水
écouter（過分：écouté）聞く
écrire（過分：écrit）書く
embaucher（過分：embauché）雇う
émincer（過分：émincé）薄切りにする
en ce moment 最近
enchanté(e) はじめまして
ensemble 一緒に
ensuite 次に、それから
entendre（過分：entendu）聞こえる
Entendu！ わかりました！

entier (entière) 全部の
entrecôte (f.) リブロース
entrée (f.) 前菜 , 入口
environ 約
envoyer（過分：envoyé）送る
épais (épaisse) 厚い
épice (f.) スパイス
épicé(e) 香辛料の入った
épinard (m.) ほうれん草
éplucher（過分：épluché）皮をむく
escalope (f.) 薄切り肉、切り身
escargot (m.) エスカルゴ、カタツムリ
en espèces 現金で
et そして
été (m.) 夏
être（過分：été）〜である、〜にいる
étudier（過分：étudié）勉強する、学ぶ
euro (m.) ユーロ
évier (m.) シンク
excusez-moi すみません
expliquer（過分：expliqué）説明する

― F ―

fade 味のない
faire（過分：fait）する、作る
　〜 ＋動詞の原形 〜させる
farcir（過分：farci）（鳥・魚・野菜などに）詰める
farine (f.) 小麦粉、〜粉
fatigué(e) 疲れている
faute (f.) あやまち
fenêtre (f.) 窓
fermer（過分：fermé）閉める、閉じる
fève (f.) そら豆
février 2月
fièvre (f.) 熱
filet (m.) フィレ
fin(e) 薄い、繊細な
finement 細かく
flamber（過分：flambé）フランベする
fois (f.) 度、回数
fond (m.) 奥
　au 〜 de 奥に
fondre（過分：fondu）溶かす、溶ける
fort 強く、大きな声で
fouet (m.) 泡だて器
fougasse (f.) フーガス
four (m.) オーブン
fourchette (f.) フォーク
au frais 冷暗所に

frais (fraîche) 新鮮な
fraise (f.) イチゴ
framboise (f.) ラズベリー
français(e) フランスの

frigo (m.) 冷蔵庫
froid(e) 冷たい
fromage (m.) チーズ
fromagerie (f.) チーズ屋
fruit (m.) 果物
fruité(e) フルーティーな
fumer （過分：fumé） 燻製にする

— G —
galette (f.) ガレット
garçon (m.) 男の子、ギャルソン
garder （過分：gardé） 保管する、
　置く
Gariguettes (f.) ガリゲット［イチ
　ゴの種類］
gâteau (m.) ケーキ
à gauche 左に
gésier (m.) 砂ぎも
gigot (m.) もも肉
gingembre (m.) ショウガ
glace (f.) アイス
glaçon (m.) 氷
gluant(e) ねばねばした
gorgée (f.) ひとくち
　une 〜 de ひとくちの〜
gousse (f.) ひとかけら
　une 〜 de ひとかけらの〜
goûter （過分：goûté） 味見する
grand(e) 大きい
gras (grasse) 脂身の多い
gratin (m.) グラタン
grave 深刻な
griller （過分：grillé） 焼く
gruyère (m.) グリュイエールチーズ

— H —
hacher （過分：haché） みじん切り
　にする
hachis Parmentier (m.) アシ・パル
　マンティエ
haricot (m.) インゲン
heure (f.) 時間
hier 昨日
hiver (m.) 冬
homard (m.) オマール海老
huile (f.) 油
huître (f.) 牡蠣

— I —
idée (f.) 考え
il faut 〜が必要だ、〜かかる

il y a 〜がある
immédiatement すぐに
infusion (f.) ハーブティー
inviter （過分：invité） 招待する

— J —
janvier 1月
jaune 黄色い
jaune d'œuf (m.) 卵の黄身
Je m'en occupe! まかせて！
jeudi (m.) 木曜日
jeune 若い
joli(e) きれいな、かわいい
jour (m.) 一日
journée (f.) 一日
juillet 7月
juin 6月
jus (m.) ジュース、汁

— L —
là-bas そこに
laisser （過分：laissé） 置いておく、
　そのままにする
lait (m.) 牛乳
laitue (f.) レタス
lapin (m.) ウサギ
laver （過分：lavé） 洗う
　se 〜 les mains （過分：lavé） 手
　を洗う
leçon (f.) レッスン、課
léger (légère) 軽い
légume (m.) 野菜
lentement ゆっくり
se lever （過分：levé） 起きる
lièvre (m.) ノウサギ
liqueur (f.) リキュール
lire （過分：lu） 読む
lotte, lote (f.) アンコウ
lundi (m.) 月曜日

— M —
magasin (m.) 店
mai 5月
maïs (m.) トウモロコシ
maison (f.) 家
manger （過分：mangé） 食べる
mangue (f.) マンゴー
maquereau (m.) サバ
Mara des Bois マラデボワ［イチゴ
　の種類］
marcher （過分：marché） 歩く
marché (m.) 市場
mardi (m.) 火曜日
mariage (m.) 結婚、組み合わせ、
　マリアージュ
mariner （過分：mariné） （漬け汁に）
　漬ける、マリネする

marmite (f.) 鍋
mars 3月
matin (m.) 朝
mauvais(e) 悪い
mayonnaise (f.) マヨネーズ
meilleur(e) → bon の比較級
melon (m.) メロン
ménage (m.) 掃除
menthe (f.) ミント
menu (m.) コース
merci ありがとう
mercredi (m.) 水曜日
merlu (m.) メルルーサ［タラ科の魚］
mesclun (m.) ベビーリーフ
en métro 地下鉄で
mettre （過分：mis） 置く
midi 正午
miel (m.) ハチミツ
mieux → bien の比較級
mijoter （過分：mijoté） 弱火で煮
　る
mince 薄い、しまった！
minuit 真夜中
　à 〜 深夜に
minute (f.) 分
moins 〜前
moitié (f.) 半分
monaco (m.) モナコ
monde (m.) 世界、人々
monder （過分：mondé） 湯むき
　する
morille (f.) モリーユ茸［キノコの種類］
mou (molle) やわらかい
mouiller （過分：mouillé） 水分を
　加える
moutarde (f.) マスタード
mur (m.) 壁
mûr(e) 熟した
myrtille (f.) ブルーベリー

— N —
navet (m.) カブ
nettoyer （過分：nettoyé） ふく、
　洗う
niçois(e) ニースの
Noël (m.) クリスマス
noir(e) 黒い
noix (f.) クルミ、貝柱
　〜 de coco (f.) ココナッツ
nom (m.) 名前
　au 〜 de 〜の名前で
normand(e) ノルマンディーの
noté 書かれた、記載された
nourriture (f.) 食物
nouveau (nouvelle) 新しい
Nouvel An (m.) 新年
novembre 11月

numéro (*m.*) 番号

— O —

octobre 10 月
œuf (*m.*) 卵
offrir（過分：offert）贈る
oignon (*m.*) タマネギ
olive (*f.*) オリーブ
omelette (*f.*) オムレツ
onctueux (onctueuse) とろりとした
orange (*f.*) オレンジ
où どこ
ou または
oublier（過分：oublié）忘れる
oui はい
ouvrir（過分：ouvert）開く

— P —

paiement (*m.*) 支払い
paleron (*m.*) うで（肉）
palombe (*f.*) モリバト
pamplemousse (*m.*) グレープフルーツ
panaché (*m.*) パナシェ
paner（過分：pané）パン粉をまぶす
Pâques イースター
par contre だけど
par ici こちらを通って
par personne ひとりあたり
parce que なぜなら
Pardon! 失礼！
parfait(e) 完璧な
parfum (*m.*) 味、香水
parfumé(e) 香りのある、風味のある
parler（過分：parlé）話す
parmesan (*m.*) パルメザンチーズ
passe (*m.*) デシャップ
pâte (*f.*) 生地
pâtisserie (*f.*) ケーキ屋
pâtissier (pâtissière) お菓子職人
payer（過分：payé）支払う
pays (*m.*) 国
pêche (*f.*) モモ
pendant 〜のあいだ
perdu(e) 迷っている、失われた
périgourdin(e) ペリゴール地方の
perle du Japon (*f.*) タピオカ
persil (*m.*) パセリ
personne (*f.*) 人、人数
petit(e) 小さい
petit-pois (*m.*) グリンピース
piano (*m.*) レンジ
pièce (*f.*) ひとつ、部屋
à pied 徒歩で
pigeon (*m.*) 鳩

pincée (*f.*)
　　une 〜 de ひとつまみの〜
piquant(e) 辛い
place (*f.*) 場所、席
se plaindre (de)（過分：plaint）文句を言う
plat(e) 平らな、平たい
plat (*m.*) 皿、メイン
　　〜 du jour (*m.*) 日替わりメニュー
plateau (*m.*) プレート
plonge (*f.*) 皿洗い
plutôt むしろ、どちらかというと
poêle (*f.*) フライパン
poêler（過分：poêlé）フライパンで炒める
poignée (*f.*)
　　une 〜 de ひとつかみの
à point ミディアム [肉の焼き加減]
poire (*f.*) 洋ナシ
poireau (*m.*) ポロネギ
pois (*m.*) 豆
poisson (*m.*) 魚
poisson d'avril (*m.*) エイプリルフール
poissonnerie (*f.*) 魚屋
poivre (*m.*) コショウ
poivré(e) コショウの入った
poivron (*m.*) ピーマン
pomme (*f.*) リンゴ
pomme de terre (*f.*) ジャガイモ
porc (*m.*) 豚肉
porte (*f.*) ドア
portefeuille (*m.*) 財布
possible 可能な
pot (*m.*) 小ビン
potiron (*m.*) カボチャ
poubelle (*f.*) ゴミ箱
poudre d'amande (*f.*) アーモンドパウダー
poularde (*f.*) 肥育鶏
poulet (*m.*) 若鶏
pour 〜のために
pourboire (*m.*) チップ
pourquoi なぜ、どうして
pouvoir（過分：pu）〜できる
préalablement あらかじめ
préchauffer（過分：préchauffé）あらかじめ温める、予熱する
préféré(e) お気に入りの
prendre（過分：pris）取る、注文する、乗る、買う、使う
préparer（過分：préparé）準備する
prêter（過分：prêté）貸す
printemps (*m.*) 春
privatisé(e) 貸し切りの
prix (*m.*) 値段、賞
problème (*m.*) 問題

proche 近い
proposer（過分：proposé）提案する
propre 清潔な
provençal(e) 南仏の
puis それから
purée (*f.*) ピュレ

— Q —

qu'est-ce que 何を
quand いつ
quart (*m.*) 4 分の 1
quartier (*m.*) 界隈
quel (quelle, quels, quelles) どんな
qui 誰
quiche (*f.*) キッシュ
quoi 何

— R —

RIB (Relevé d'Identité Bancaire) (*m.*) 口座番号
radis (*m.*) ラディッシュ
　　〜 blanc (*m.*) ダイコン
raisin (*m.*) ブドウ
râper（過分：râpé）粉にする、おろす
rapidement 素早く
ratatouille (*f.*) ラタトゥイユ
rater（過分：raté）逃す（口語的）
rectangle (*m.*) 長方形
reçu (*m.*) 領収書
réfléchir（過分：réfléchi）考える
se régaler（過分：régalé）堪能する
regarder（過分：regardé）見る
régler（過分：réglé）支払う
rentrer（過分：rentré）帰る
repas (*m.*) 食事
répéter（過分：répété）繰り返す
se reposer（過分：reposé）休む
réservation (*f.*) 予約
réserver（過分：réservé）予約する
restaurant (*m.*) レストラン
rêver（過分：rêvé）夢を見る
rhubarbe (*f.*) ルバーブ
riz (*m.*) コメ
　　〜 complet (*m.*) 玄米
　　〜 gluant (*m.*) もち米
rond(e) 丸い
rôti (*m.*) ロースト肉
rôtir（過分：rôti）焼く、焼ける、ローストする
rouge 赤い
rouget (*m.*) ヒメジ

— S —

s'il vous plaît お願いします
s'inquiéter（過分：inquiété）心配

する

sachet (m.) 小袋

saignant(e) ミディアムレア［肉の焼き加減］

saison (f.) 季節
de 〜 〜季節の

salade (f.) サラダ

salamandre (f.) サラマンダー［調理器具］

salé(e) 塩味の

salle (f.) ホール、部屋

Salut! やあ！

samedi (m.) 土曜日

santé (f.) 健康 Santé! 乾杯！

sarrasin (m.) ソバ

sauce (f.) ソース

saucisse (f.) ソーセージ

saumon (m.) サーモン

sec (sèche) 水分が少ない、辛口

seconde (f.) 秒

sel (m.) 塩

semaine (f.) 週

séparément 別々に

septembre 9月

se servir de 〜（過分：servi） 〜を使う

se souvenir de 〜（過分：souvenu） 〜を思い出す

servir（過分：servi） 食事を出す、売る

signature (f.) サイン

sirop (m.) シロップ

soigneusement 注意深く

soir (m.) 夕方

sol (m.) 床

sole (f.) 舌平目
〜 meunière (f.) 舌平目のムニエル

sommelier (sommelière) ソムリエ

sorbet (m.) ソルベ、シャーベット

sortie (f.) 出口

soupe (f.) スープ

sous-sol (m.) 地下

souvent しばしば

station (f.) 駅

sucre (m.) 砂糖

sucré(e) 甘い

suivre（過分：suivi） 続く、続ける

supermarché (m.) スーパー

— T —

table (f.) テーブル、席

tard 遅い

tarte (f.) タルト

en taxi タクシーで

téléphone portable (m.) 携帯電話

téléphoner（過分：téléphoné） 電話をする

temps (m.) 時間、天気

terminer（過分：terminé） 終える

terrasse (f.) テラス

terrine (f.) テリーヌ

thé (m.) お茶

ticket (m.) 切符

tisane (f.) ハーブティー

toilettes (f. pl.) お手洗い

tomate (f.) トマト

topinambour (m.) キクイモ

torchon (m.) ふきん

tôt 早い

tourner（過分：tourné） 回す

tout de suite すぐに

tout droit まっすぐ

en tramway トラムで

travail (m.) 仕事

travailler（過分：travaillé） 働く

très とても、非常に

triangle (m.) 三角形

trop すぎる

truffe (f.) トリュフ

— U —

un peu すこし

une prochaine fois 次回

— V —

vacances (f. pl.) 休暇、バカンス

vache (f.) 牛

vaisselle (f.) 食器

vanille (f.) バニラ

veau (m.) 仔牛肉

velouté (m.) ヴルーテ

vendredi (m.) 金曜日

venir（過分：venu） 来る

vérifier（過分：vérifié） 確認する

verre (m.) グラス

vert(e) 緑色の

viande (f.) 肉

vie (f.) 生活、一生、命

vieux / vieil (vieille) 古い

vigoureusement 力をこめて

vin (m.) ワイン

violet (violette) 紫色の

par virement 振込で

vite はやく

voici ここに

voiture (f.) 車

volaille (f.) 鳥肉

Volontiers! よろこんで！

vouloir（過分：voulu） 〜したい、〜がほしい

主要参考文献

[日本語で書かれたもの]

『フランス料理ハンドブック』辻静雄料理教育研究所編、柴田書店、2012 年。

『フランス 食の事典』日仏料理協会、白水社、2007 年。

『仏和・和仏 料理フランス語辞典』日仏料理協会、白水社、2008 年。

『ポケット・グルメ仏和辞典』森本英夫、駿河台出版社、2005 年。

[フランス語で書かれたもの]

À table au XIXᵉ siècle, catalogue d'exposition au musée d'Orsay du 4 décembre 2001-3 mars 2002, Paris, Flammarion, 2001.

Dictionnaire des cultures alimentaires, dirigé par POULAIN Jean-Pierre, Paris, PUF, coll. « Quadrige », 2012.

Larousse gastronomique, Paris, Larousse, 2000.

DUMAS Alexandre, *Grand Dictionnaire de cuisine* [1873], Paris, Phébus, 2001.

GAUDRY François-Régis, *On va déguster*, Paris, Marabout, 2015.

GAUDRY François-Régis, *On va déguster la France*, Paris, Marabout, 2017.

ORY Pascal, *Le Discours gastronomique français, des origines à nos jours*, Paris, Gallimard, coll. « Archives », 1998.

POULAIN Jean-Pierre et NEIRINCK Edmond, *Histoire de la cuisine et des cuisinier, techniques culinaires et pratiques de table, en France, du Moyen-Âge à nos jours*, Paris, Delagrave, 2004.

QUENEAU Jacqueline, *La Grande Histoire des arts de la table*, Genève, Minerva, coll. « Aubel », 2006.

著　者

黒木 秀房 （くろき ひでふさ）
立教大学教育講師

畠山 香奈 （はたけやま かな）
白百合女子大学准教授

加藤 三和 （かとう みわ）
明治大学兼任講師

Sonia Silva （ソニア・シルヴァ）
立教大学教育講師、慶應義塾大学非常勤講師

音声吹き込み
Georges Veyssière （ジョルジュ・ヴェスィエール）
Valentin Guillou （ヴァランタン・ギユー）

写真提供・協力
YUZUYA
平香織

C'est bon! – *nouvelle édition* –
セ・ボン！（改訂版）

著 者　黒 木 秀 房
畠 山 香 奈
加 藤 三 和
Sonia Silva

2020. 4. 1　初版発行
2024. 9. 12　改訂版初版発行

発行所　〒101-0062　東京都千代田区神田駿河台 3-7
TEL 03(3291)1676 / FAX 03(3291)1675
http://www.e-surugadai.com
株式会社　**駿河台出版社**
発行者　上 野 名 保 子
DTP　ユーピー工芸
デザイン　dice
印刷・製本　精文堂印刷
音声　中録新社

ISBN 978-4-411-00933-3 C1085

動　詞　活　用　表

◇ 活用表中，現在分詞と過去分詞はイタリック体，
また書体の違う活用は，とくに注意すること．

accueillir	22	écrire	40	pleuvoir	61
acheter	10	émouvoir	55	pouvoir	54
acquérir	26	employer	13	préférer	12
aimer	7	envoyer	15	prendre	29
aller	16	être	2	recevoir	52
appeler	11	être aimé(e)(s)	5	rendre	28
(s')asseoir	60	être allé(e)(s)	4	résoudre	42
avoir	1	faire	31	rire	48
avoir aimé	3	falloir	62	rompre	50
battre	46	finir	17	savoir	56
boire	41	fuir	27	sentir	19
commencer	8	(se) lever	6	suffire	34
conclure	49	lire	33	suivre	38
conduire	35	manger	9	tenir	20
connaître	43	mettre	47	vaincre	51
coudre	37	mourir	25	valoir	59
courir	24	naître	44	venir	21
craindre	30	ouvrir	23	vivre	39
croire	45	partir	18	voir	57
devoir	53	payer	14	vouloir	58
dire	32	plaire	36		

不定法		直説法現在			接続法現在		直説法半過去	
—er [e] —ir [ir] —re [r] —oir [war]	je (j') tu il	—e [無音] —es [無音] —e [無音]	—s [無音] —s [無音] —t [無音]		—e [無音] —es [無音] —e [無音]		—ais [ɛ] —ais [ɛ] —ait [ɛ]	
現在分詞	nous vous ils	—ons [ɔ̃] —ez [e] —ent [無音]			—ions [jɔ̃] —iez [je] —ent [無音]		—ions [jɔ̃] —iez [je] —aient [ɛ]	
—ant [ɑ̃]								

	直説法単純未来		条件法現在	
je (j') tu il nous vous ils	—rai [re] —ras [rɑ] —ra [ra] —rons [rɔ̃] —rez [re] —ront [rɔ̃]		—rais [rɛ] —rais [rɛ] —rait [rɛ] —rions [rjɔ̃] —riez [rje] —raient [rɛ]	

	直 説 法 単 純 過 去					
je tu il nous vous ils	—ai [e] —as [ɑ] —a [a] —âmes [am] —âtes [at] —èrent [ɛr]		—is [i] —is [i] —it [i] —îmes [im] —îtes [it] —irent [ir]		—us [y] —us [y] —ut [y] —ûmes [ym] —ûtes [yt] —urent [yr]	

過去分詞	—é [e], —i [i], —u [y], —s [無音], —t [無音]

①**直説法現在**の単数形は，第一群動詞では—e，—es，—e；他の動詞ではほとんど—s，—s，—t．

②直説法現在と接続法現在では，nous, vous の語幹が，他の人称の語幹と異なること（母音交替）がある．

③**命令法**は，直説法現在の tu, nous, vous をとった形．（ただし—es → e vas → va）

④**接続法現在**は，多く直説法現在の 3 人称複数形から作られる．ils partent → je parte.

⑤**直説法半過去**と**現在分詞**は，直説法現在の 1 人称複数形から作られる．

⑥**直説法単純未来**と**条件法現在**は多く不定法から作られる．aimer → j'aimerai, finir → je finirai, rendre → je rendrai（-oir 型の語幹は不規則）.

1. avoir

		直　説　法				
	現　在		**半　過　去**		**単　純　過　去**	
現在分詞	j'	ai	j'	avais	j'	eus 〔y〕
ayant	tu	as	tu	avais	tu	eus
	il	a	il	avait	il	eut
過去分詞	nous	avons	nous	avions	nous	eûmes
eu〔y〕	vous	avez	vous	aviez	vous	eûtes
	ils	ont	ils	avaient	ils	eurent

命　令　法	**複　合　過　去**			**大　過　去**			**前　過　去**		
	j'	ai	eu	j'	avais	eu	j'	eus	eu
aie	tu	as	eu	tu	avais	eu	tu	eus	eu
	il	a	eu	il	avait	eu	il	eut	eu
ayons	nous	avons	eu	nous	avions	eu	nous	eûmes	eu
ayez	vous	avez	eu	vous	aviez	eu	vous	eûtes	eu
	ils	ont	eu	ils	avaient	eu	ils	eurent	eu

2. être

		直　説　法				
	現　在		**半　過　去**		**単　純　過　去**	
現在分詞	je	suis	j'	étais	je	fus
étant	tu	es	tu	étais	tu	fus
	il	est	il	était	il	fut
過去分詞	nous	sommes	nous	étions	nous	fûmes
été	vous	êtes	vous	étiez	vous	fûtes
	ils	sont	ils	étaient	ils	furent

命　令　法	**複　合　過　去**			**大　過　去**			**前　過　去**		
	j'	ai	été	j'	avais	été	j'	eus	été
sois	tu	as	été	tu	avais	été	tu	eus	été
	il	a	été	il	avait	été	il	eut	été
soyons	nous	avons	été	nous	avions	été	nous	eûmes	été
soyez	vous	avez	été	vous	aviez	été	vous	eûtes	été
	ils	ont	été	ils	avaient	été	ils	eurent	été

3. avoir aimé

［複合時称］	直　説　法								
	複　合　過　去			**大　過　去**			**前　過　去**		
分詞複合形	j'	ai	aimé	j'	avais	aimé	j'	eus	aimé
ayant aimé	tu	as	aimé	tu	avais	aimé	tu	eus	aimé
	il	a	aimé	il	avait	aimé	il	eut	aimé
命　令　法	elle	a	aimé	elle	avait	aimé	elle	eut	aimé
aie aimé	nous	avons	aimé	nous	avions	aimé	nous	eûmes	aimé
	vous	avez	aimé	vous	aviez	aimé	vous	eûtes	aimé
ayons aimé	ils	ont	aimé	ils	avaient	aimé	ils	eurent	aimé
ayez aimé	elles	ont	aimé	elles	avaient	aimé	elles	eurent	aimé

4. être allé(e)(s)

［複合時称］	直　説　法								
	複　合　過　去			**大　過　去**			**前　過　去**		
分詞複合形	je	suis	allé(e)	j'	étais	allé(e)	je	fus	allé(e)
étant allé(e)(s)	tu	es	allé(e)	tu	étais	allé(e)	tu	fus	allé(e)
	il	est	allé	il	était	allé	il	fut	allé
命　令　法	elle	est	allée	elle	était	allée	elle	fut	allée
sois allé(e)	nous	sommes	allé(e)s	nous	étions	allé(e)s	nous	fûmes	allé(e)s
soyons allé(e)s	vous	êtes	allé(e)(s)	vous	étiez	allé(e)(s)	vous	fûtes	allé(e)(s)
soyez allé(e)(s)	ils	sont	allés	ils	étaient	allés	ils	furent	allés
	elles	sont	allées	elles	étaient	allées	elles	furent	allées

単 純 未 来		条 件 法 現 在		接 続 法 現 在		半 過 去	
j'	aurai	j'	aurais	j'	aie	j'	eusse
tu	auras	tu	aurais	tu	aies	tu	eusses
il	aura	il	aurait	il	ait	il	eût
nous	aurons	nous	aurions	nous	ayons	nous	eussions
vous	aurez	vous	auriez	vous	ayez	vous	eussiez
ils	auront	ils	auraient	ils	aient	ils	eussent

前 未 来			過 去			過 去			大 過 去		
j'	aurai	eu	j'	aurais	eu	j'	aie	eu	j'	eusse	eu
tu	auras	eu	tu	aurais	eu	tu	aies	eu	tu	eusses	eu
il	aura	eu	il	aurait	eu	il	ait	eu	il	eût	eu
nous	aurons	eu	nous	aurions	eu	nous	ayons	eu	nous	eussions	eu
vous	aurez	eu	vous	auriez	eu	vous	ayez	eu	vous	eussiez	eu
ils	auront	eu	ils	auraient	eu	ils	aient	eu	ils	eussent	eu

単 純 未 来		条 件 法 現 在		接 続 法 現 在		半 過 去	
je	serai	je	serais	je	sois	je	fusse
tu	seras	tu	serais	tu	sois	tu	fusses
il	sera	il	serait	il	soit	il	fût
nous	serons	nous	serions	nous	soyons	nous	fussions
vous	serez	vous	seriez	vous	soyez	vous	fussiez
ils	seront	ils	seraient	ils	soient	ils	fussent

前 未 来			過 去			過 去			大 過 去		
j'	aurai	été	j'	aurais	été	j'	aie	été	j'	eusse	été
tu	auras	été	tu	aurais	été	tu	aies	été	tu	eusses	été
il	aura	été	il	aurait	été	il	ait	été	il	eût	été
nous	aurons	été	nous	aurions	été	nous	ayons	été	nous	eussions	été
vous	aurez	été	vous	auriez	été	vous	ayez	été	vous	eussiez	été
ils	auront	été	ils	auraient	été	ils	aient	été	ils	eussent	été

前 未 来			条 件 法 過 去			接 続 法 過 去			大 過 去		
j'	aurai	aimé	j'	aurais	aimé	j'	aie	aimé	j'	eusse	aimé
tu	auras	aimé	tu	aurais	aimé	tu	aies	aimé	tu	eusses	aimé
il	aura	aimé	il	aurait	aimé	il	ait	aimé	il	eût	aimé
elle	aura	aimé	elle	aurait	aimé	elle	ait	aimé	elle	eût	aimé
nous	aurons	aimé	nous	aurions	aimé	nous	ayons	aimé	nous	eussions	aimé
vous	aurez	aimé	vous	auriez	aimé	vous	ayez	aimé	vous	eussiez	aimé
ils	auront	aimé	ils	auraient	aimé	ils	aient	aimé	ils	eussent	aimé
elles	auront	aimé	elles	auraient	aimé	elles	aient	aimé	elles	eussent	aimé

前 未 来			条 件 法 過 去			接 続 法 過 去			大 過 去		
je	serai	allé(e)	je	serais	allé(e)	je	sois	allé(e)	je	fusse	allé(e)
tu	seras	allé(e)	tu	serais	allé(e)	tu	sois	allé(e)	tu	fusse	allé(e)
il	sera	allé	il	serait	allé	il	soit	allé	il	fût	allé
elle	sera	allée	elle	serait	allée	elle	soit	allée	elle	fût	allée
nous	serons	allé(e)s	nous	serions	allé(e)s	nous	soyons	allé(e)s	nous	fussions	allé(e)s
vous	serez	allé(e)(s)	vous	seriez	allé(e)(s)	vous	soyez	allé(e)(s)	vous	fussiez	allé(e)(s)
ils	seront	allés	ils	seraient	allés	ils	soient	allés	ils	fussent	allés
elles	seront	allées	elles	seraient	allées	elles	soient	allées	elles	fussent	allées

5. être aimé(e)(s) ［受動態］

直 説 法							接 続 法		
現 在			**複 合 過 去**				**現 在**		
je	suis	aimé(e)	j'	ai	été	aimé(e)	je	sois	aimé(e)
tu	es	aimé(e)	tu	as	été	aimé(e)	tu	sois	aimé(e)
il	est	aimé	il	a	été	aimé	il	soit	aimé
elle	est	aimée	elle	a	été	aimée	elle	soit	aimée
nous	sommes	aimé(e)s	nous	avons	été	aimé(e)s	nous	soyons	aimé(e)s
vous	êtes	aimé(e)(s)	vous	avez	été	aimé(e)(s)	vous	soyez	aimé(e)(s)
ils	sont	aimés	ils	ont	été	aimés	ils	soient	aimés
elles	sont	aimées	elles	ont	été	aimées	elles	soient	aimées
半 過 去			**大 過 去**				**過 去**		
j'	étais	aimé(e)	j'	avais	été	aimé(e)	j'	aie	été	aimé(e)
tu	étais	aimé(e)	tu	avais	été	aimé(e)	tu	aies	été	aimé(e)
il	était	aimé	il	avait	été	aimé	il	ait	été	aimé
elle	était	aimée	elle	avait	été	aimée	elle	ait	été	aimée
nous	étions	aimé(e)s	nous	avions	été	aimé(e)s	nous	ayons	été	aimé(e)s
vous	étiez	aimé(e)(s)	vous	aviez	été	aimé(e)(s)	vous	ayez	été	aimé(e)(s)
ils	étaient	aimés	ils	avaient	été	aimés	ils	aient	été	aimés
elles	étaient	aimées	elles	avaient	été	aimées	elles	aient	été	aimées
単 純 過 去			**前 過 去**				**半 過 去**		
je	fus	aimé(e)	j'	eus	été	aimé(e)	je	fusse	aimé(e)
tu	fus	aimé(e)	tu	eus	été	aimé(e)	tu	fusses	aimé(e)
il	fut	aimé	il	eut	été	aimé	il	fût	aimé
elle	fut	aimée	elle	eut	été	aimée	elle	fût	aimée
nous	fûmes	aimé(e)s	nous	eûmes	été	aimé(e)s	nous	fussions	aimé(e)s
vous	fûtes	aimé(e)(s)	vous	eûtes	été	aimé(e)(s)	vous	fussiez	aimé(e)(s)
ils	furent	aimés	ils	eurent	été	aimés	ils	fussent	aimés
elles	furent	aimées	elles	eurent	été	aimées	elles	fussent	aimées
単 純 未 来			**前 未 来**				**大 過 去**		
je	serai	aimé(e)	j'	aurai	été	aimé(e)	j'	eusse	été	aimé(e)
tu	seras	aimé(e)	tu	auras	été	aimé(e)	tu	eusses	été	aimé(e)
il	sera	aimé	il	aura	été	aimé	il	eût	été	aimé
elle	sera	aimée	elle	aura	été	aimée	elle	eût	été	aimée
nous	serons	aimé(e)s	nous	aurons	été	aimé(e)s	nous	eussions	été	aimé(e)s
vous	serez	aimé(e)(s)	vous	aurez	été	aimé(e)(s)	vous	eussiez	été	aimé(e)(s)
ils	seront	aimés	ils	auront	été	aimés	ils	eussent	été	aimés
elles	seront	aimées	elles	auront	été	aimées	elles	eussent	été	aimées

条 件 法							**現在分詞**
現 在			**過 去**				étant aimé(e)(s)
je	serais	aimé(e)	j'	aurais	été	aimé(e)	
tu	serais	aimé(e)	tu	aurais	été	aimé(e)	**過去分詞**
il	serait	aimé	il	aurait	été	aimé	été aimé(e)(s)
elle	serait	aimée	elle	aurait	été	aimée	
nous	serions	aimé(e)s	nous	aurions	été	aimé(e)s	**命 令 法**
vous	seriez	aimé(e)(s)	vous	auriez	été	aimé(e)(s)	sois aimé(e)s
ils	seraient	aimés	ils	auraient	été	aimés	soyons aimé(e)s
elles	seraient	aimées	elles	auraient	été	aimées	soyez aimé(e)(s)

6. se lever ［代名動詞］

直　　説　　法		接　続　法

現　在		複　合　過　去		現　在	
je me lève	je me suis levé(e)	je me lève
tu te lèves	tu t' es levé(e)	tu te lèves
il se lève	il s' est levé	il se lève
elle se lève	elle s' est levée	elle se lève
nous nous levons	nous nous sommes levé(e)s	nous nous levions
vous vous levez	vous vous êtes levé(e)(s)	vous vous leviez
ils se lèvent	ils se sont levés	ils se lèvent
elles se lèvent	elles se sont levées	elles se lèvent

半　過　去	大　過　去	過　去
je me levais	je m' étais levé(e)	je me sois levé(e)
tu te levais	tu t' étais levé(e)	tu te sois levé(e)
il se levait	il s' était levé	il se soit levé
elle se levait	elle s' était levée	elle se soit levée
nous nous levions	nous nous étions levé(e)s	nous nous soyons levé(e)s
vous vous leviez	vous vous étiez levé(e)(s)	vous vous soyez levé(e)(s)
ils se levaient	ils s' étaient levés	ils se soient levés
elles se levaient	elles s' étaient levées	elles se soient levées

単　純　過　去	前　過　去	半　過　去
je me levai	je me fus levé(e)	je me levasse
tu te levas	tu te fus levé(e)	tu te levasses
il se leva	il se fut levé	il se levât
elle se leva	elle se fut levée	elle se levât
nous nous levâmes	nous nous fûmes levé(e)s	nous nous levassions
vous vous levâtes	vous vous fûtes levé(e)(s)	vous vous levassiez
ils se levèrent	ils se furent levés	ils se levassent
elles se levèrent	elles se furent levées	elles se levassent

単　純　未　来	前　未　来	大　過　去
je me lèverai	je me serai levé(e)	je me fusse levé(e)
tu te lèveras	tu te seras levé(e)	tu te fusses levé(e)
il se lèvera	il se sera levé	il se fût levé
elle se lèvera	elle se sera levée	elle se fût levée
nous nous lèverons	nous nous serons levé(e)s	nous nous fussions levé(e)s
vous vous lèverez	vous vous serez levé(e)(s)	vous vous fussiez levé(e)(s)
ils se lèveront	ils se seront levés	ils se fussent levés
elles se lèveront	elles se seront levées	elles se fussent levées

条　　件　　法		現在分詞
現　在	過　去	
je me lèverais	je me serais levé(e)	se levant
tu te lèverais	tu te serais levé(e)	
il se lèverait	il se serait levé	
elle se lèverait	elle se serait levée	命　令　法
nous nous lèverions	nous nous serions levé(e)s	
vous vous lèveriez	vous vous seriez levé(e)(s)	lève-toi
ils se lèveraient	ils se seraient levés	levons-nous
elles se lèveraient	elles se seraient levées	levez-vous

◇ se が間接補語のとき過去分詞は性・数の変化をしない.

不 定 法 現在分詞 過去分詞	直 説 法			
	現 在	半 過 去	単純過去	単純未来
7. aimer *aimant* *aimé*	j' aime tu aimes il aime n. aimons v. aimez ils aiment	j' aimais tu aimais il aimait n. aimions v. aimiez ils aimaient	j' aimai tu aimas il aima n. aimâmes v. aimâtes ils aimèrent	j' aimerai tu aimeras il aimera n. aimerons v. aimerez ils aimeront
8. commencer *commençant* *commencé*	je commence tu commences il commence n. commençons v. commencez ils commencent	je commençais tu commençais il commençait n. commencions v. commenciez ils commençaient	je commençai tu commenças il commença n. commençâmes v. commençâtes ils commencèrent	je commencerai tu commenceras il commencera n. commencerons v. commencerez ils commenceront
9. manger *mangeant* *mangé*	je mange tu manges il mange n. mangeons v. mangez ils mangent	je mangeais tu mangeais il mangeait n. mangions v. mangiez ils mangeaient	je mangeai tu mangeas il mangea n. mangeâmes v. mangeâtes ils mangèrent	je mangerai tu mangeras il mangera n. mangerons v. mangerez ils mangeront
10. acheter *achetant* *acheté*	j' achète tu achètes il achète n. achetons v. achetez ils achètent	j' achetais tu achetais il achetait n. achetions v. achetiez ils achetaient	j' achetai tu achetas il acheta n. achetâmes v. achetâtes ils achetèrent	j' achèterai tu achèteras il achètera n. achèterons v. achèterez ils achèteront
11. appeler *appelant* *appelé*	j' appelle tu appelles il appelle n. appelons v. appelez ils appellent	j' appelais tu appelais il appelait n. appelions v. appeliez ils appelaient	j' appelai tu appelas il appela n. appelâmes v. appelâtes ils appelèrent	j' appellerai tu appelleras il appellera n. appellerons v. appellerez ils appelleront
12. préférer *préférant* *préféré*	je préfère tu préfères il préfère n. préférons v. préférez ils préfèrent	je préférais tu préférais il préférait n. préférions v. préfériez ils préféraient	je préférai tu préféras il préféra n. préférâmes v. préférâtes ils préférèrent	je préférerai tu préféreras il préférera n. préférerons v. préférerez ils préféreront
13. employer *employant* *employé*	j' emploie tu emploies il emploie n. employons v. employez ils emploient	j' employais tu employais il employait n. employions v. employiez ils employaient	j' employai tu employas il employa n. employâmes v. employâtes ils employèrent	j' emploierai tu emploieras il emploiera n. emploierons v. emploierez ils emploieront

条　件　法	接　続　法		命　令　法	同　型
現　在	現　在	半　過　去		
j'　aimerais tu　aimerais il　aimerait n.　aimerions v.　aimeriez ils　aimeraient	j'　aime tu　aimes il　aime n.　aimions v.　aimiez ils　aiment	j'　aimasse tu　aimasses il　aimât n.　aimassions v.　aimassiez ils　aimassent	aime aimons aimez	注語尾 -er の動詞 （除：aller, envoyer） を第一群規則動詞と もいう.
je　commencerais tu　commencerais il　commencerait n.　commencerions v.　commenceriez ils　commenceraient	je　commence tu　commences il　commence n.　commencions v.　commenciez ils　commencent	je　commençasse tu　commençasses il　commençât n.　commençassions v.　commençassiez ils　commençassent	commence commençons commencez	avancer effacer forcer lancer placer prononcer remplacer renoncer
je　mangerais tu　mangerais il　mangerait n.　mangerions v.　mangeriez ils　mangeraient	je　mange tu　manges il　mange n.　mangions v.　mangiez ils　mangent	je　mangeasse tu　mangeasses il　mangeât n.　mangeassions v.　mangeassiez ils　mangeassent	mange mangeons mangez	arranger changer charger déranger engager manger obliger voyager
j'　achèterais tu　achèterais il　achèterait n.　achèterions v.　achèteriez ils　achèteraient	j'　achète tu　achètes il　achète n.　achetions v.　achetiez ils　achètent	j'　achetasse tu　achetasses il　achetât n.　achetassions v.　achetassiez ils　achetassent	achète achetons achetez	achever amener enlever lever mener peser (se) promener
j'　appellerais tu　appellerais il　appellerait n.　appellerions v.　appelleriez ils　appelleraient	j'　appelle tu　appelles il　appelle n.　appelions v.　appeliez ils　appellent	j'　appelasse tu　appelasses il　appelât n.　appelassions v.　appelassiez ils　appelassent	appelle appelons appelez	jeter rappeler rejeter renouveler
je　préférerais tu　préférerais il　préférerait n.　préférerions v.　préféreriez ils　préféreraient	je　préfère tu　préfères il　préfère n.　préférions v.　préfériez ils　préfèrent	je　préférasse tu　préférasses il　préférât n.　préférassions v.　préférassiez ils　préférassent	préfère préférons préférez	considérer désespérer espérer inquiéter pénétrer posséder répéter sécher
j'　emploierais tu　emploierais il　emploierait n.　emploierions v.　emploieriez ils　emploieraient	j'　emploie tu　emploies il　emploie n.　employions v.　employiez ils　emploient	j'　employasse tu　employasses il　employât n.　employassions v.　employassiez ils　employassent	emploie employons employez	-oyer（除：envoyer） -uyer appuyer ennuyer essuyer nettoyer

不 定 法 現在分詞 過去分詞	直 説 法			
	現 在	半 過 去	単純過去	単純未来
14. payer *payant* *payé*	je paye (paie) tu payes (paies) il paye (paie) n. payons v. payez ils payent (paient)	je payais tu payais il payait n. payions v. payiez ils payaient	je payai tu payas il paya n. payâmes v. payâtes ils payèrent	je payerai (paierai) tu payeras (etc. . . .) il payera n. payerons v. payerez ils payeront
15. envoyer *envoyant* *envoyé*	j' envoie tu envoies il envoie n. envoyons v. envoyez ils envoient	j' envoyais tu envoyais il envoyait n. envoyions v. envoyiez ils envoyaient	j' envoyai tu envoyas il envoya n. envoyâmes v. envoyâtes ils envoyèrent	j' **enverrai** tu **enverras** il **enverra** n. **enverrons** v. **enverrez** ils **enverront**
16. aller *allant* *allé*	je **vais** tu **vas** il **va** n. allons v. allez ils **vont**	j' allais tu allais il allait n. allions v. alliez ils allaient	j' allai tu allas il alla n. allâmes v. allâtes ils allèrent	j' **irai** tu **iras** il **ira** n. **irons** v. **irez** ils **iront**
17. finir *finissant* *fini*	je finis tu finis il finit n. finissons v. finissez ils finissent	je finissais tu finissais il finissait n. finissions v. finissiez ils finissaient	je finis tu finis il finit n. finîmes v. finîtes ils finirent	je finirai tu finiras il finira n. finirons v. finirez ils finiront
18. partir *partant* *parti*	je pars tu pars il part n. partons v. partez ils partent	je partais tu partais il partait n. partions v. partiez ils partaient	je partis tu partis il partit n. partîmes v. partîtes ils partirent	je partirai tu partiras il partira n. partirons v. partirez ils partiront
19. sentir *sentant* *senti*	je sens tu sens il sent n. sentons v. sentez ils sentent	je sentais tu sentais il sentait n. sentions v. sentiez ils sentaient	je sentis tu sentis il sentit n. sentîmes v. sentîtes ils sentirent	je sentirai tu sentiras il sentira n. sentirons v. sentirez ils sentiront
20. tenir *tenant* *tenu*	je tiens tu tiens il tient n. tenons v. tenez ils tiennent	je tenais tu tenais il tenait n. tenions v. teniez ils tenaient	je tins tu tins il tint n. tînmes v. tîntes ils tinrent	je **tiendrai** tu **tiendras** il **tiendra** n. **tiendrons** v. **tiendrez** ils **tiendront**

条件法	接続法		命令法	同型
現在	現在	半過去		
je payerais (paierais)	je paye (paie)	je payasse		[発音] je paye [ʒəpɛj], je paie [ʒəpɛ]; je payerai [ʒəpɛjre], je paierai [ʒəpɛre].
tu payerais (*etc. . . .*)	tu payes (paies)	tu payasses	paie (paye)	
il payerait	il paye (paie)	il payât		
n. payerions	n. payions	n. payassions	payons	
v. payeriez	v. payiez	v. payassiez	payez	
ils payeraient	ils payent (paient)	ils payassent		
j' enverrais	j' envoie	j' envoyasse		[注]未来，条·現を除いては，**13** と同じ． **renvoyer**
tu enverrais	tu envoies	tu envoyasses	envoie	
il enverrait	il envoie	il envoyât		
n. enverrions	n. envoyions	n. envoyassions	envoyons	
v. enverriez	v. envoyiez	v. envoyassiez	envoyez	
ils enverraient	ils envoient	ils envoyassent		
j' irais	j' **aille**	j' allasse		[注]yがつくとき命令法·現在は vas: vas-y. 直·現·3人称複数に ont の語尾をもつものは他に ont (avoir), sont (être), font (faire)のみ.
tu irais	tu **ailles**	tu allasses	**va**	
il irait	il **aille**	il allât		
n. irions	n. allions	n. allassions	allons	
v. iriez	v. alliez	v. allassiez	allez	
ils iraient	ils **aillent**	ils allassent		
je finirais	je finisse	je finisse		[注]finir 型の動詞を第2群規則動詞という.
tu finirais	tu finisses	tu finisses	finis	
il finirait	il finisse	il finît		
n. finirions	n. finissions	n. finissions	finissons	
v. finiriez	v. finissiez	v. finissiez	finissez	
ils finiraient	ils finissent	ils finissent		
je partirais	je parte	je partisse		[注]助動詞は être. **sortir**
tu partirais	tu partes	tu partisses	pars	
il partirait	il parte	il partît		
n. partirions	n. partions	n. partissions	partons	
v. partiriez	v. partiez	v. partissiez	partez	
ils partiraient	ils partent	ils partissent		
je sentirais	je sente	je sentisse		[注]18と助動詞を除けば同型.
tu sentirais	tu sentes	tu sentisses	sens	
il sentirait	il sente	il sentît		
n. sentirions	n. sentions	n. sentissions	sentons	
v. sentiriez	v. sentiez	v. sentissiez	sentez	
ils sentiraient	ils sentent	ils sentissent		
je tiendrais	je tienne	je tinsse		[注]**venir 21** と同型，ただし，助動詞は avoir.
tu tiendrais	tu tiennes	tu tinsses	tiens	
il tiendrait	il tienne	il tînt		
n. tiendrions	n. tenions	n. tinssions	tenons	
v. tiendriez	v. teniez	v. tinssiez	tenez	
ils tiendraient	ils tiennent	ils tinssent		

不 定 法 現在分詞 過去分詞	直 説 法			
	現　　在	半　過　去	単純過去	単純未来
21. venir *venant* *venu*	je viens tu viens il vient n. venons v. venez ils viennent	je venais tu venais il venait n. venions v. veniez ils venaient	je vins tu vins il vint n. vînmes v. vîntes ils vinrent	je **viendrai** tu **viendras** il **viendra** n. **viendrons** v. **viendrez** ils **viendront**
22. accueillir *accueillant* *accueilli*	j' **accueille** tu **accueilles** il **accueille** n. accueillons v. accueillez ils accueillent	j' accueillais tu accueillais il accueillait n. accueillions v. accueilliez ils accueillaient	j' accueillis tu accueillis il accueillit n. accueillîmes v. accueillîtes ils accueillirent	j' **accueillerai** tu **accueilleras** il **accueillera** n. **accueillerons** v. **accueillerez** ils **accueilleront**
23. ouvrir *ouvrant* *ouvert*	j' **ouvre** tu **ouvres** il **ouvre** n. ouvrons v. ouvrez ils ouvrent	j' ouvrais tu ouvrais il ouvrait n. ouvrions v. ouvriez ils ouvraient	j' ouvris tu ouvris il ouvrit n. ouvrîmes v. ouvrîtes ils ouvrirent	j' ouvrirai tu ouvriras il ouvrira n. ouvrirons v. ouvrirez ils ouvriront
24. courir *courant* *couru*	je cours tu cours il court n. courons v. courez ils courent	je courais tu courais il courait n. courions v. couriez ils couraient	je courus tu courus il courut n. courûmes v. courûtes ils coururent	je **courrai** tu **courras** il **courra** n. **courrons** v. **courrez** ils **courront**
25. mourir *mourant* *mort*	je meurs tu meurs il meurt n. mourons v. mourez ils meurent	je mourais tu mourais il mourait n. mourions v. mouriez ils mouraient	je mourus tu mourus il mourut n. mourûmes v. mourûtes ils moururent	je **mourrai** tu **mourras** il **mourra** n. **mourrons** v. **mourrez** ils **mourront**
26. acquérir *acquérant* *acquis*	j' acquiers tu acquiers il acquiert n. acquérons v. acquérez ils acquièrent	j' acquérais tu acquérais il acquérait n. acquérions v. acquériez ils acquéraient	j' acquis tu acquis il acquit n. acquîmes v. acquîtes ils acquirent	j' **acquerrai** tu **acquerras** il **acquerra** n. **acquerrons** v. **acquerrez** ils **acquerront**
27. fuir *fuyant* *fui*	je fuis tu fuis il fuit n. fuyons v. fuyez ils fuient	je fuyais tu fuyais il fuyait n. fuyions v. fuyiez ils fuyaient	je fuis tu fuis il fuit n. fuîmes v. fuîtes ils fuirent	je fuirai tu fuiras il fuira n. fuirons v. fuirez ils fuiront

条 件 法	接 続 法		命 令 法	同 型
現　在	現　在	半 過 去		
je viendrais tu viendrais il viendrait n. viendrions v. viendriez ils viendraient	je vienne tu viennes il vienne n. venions v. veniez ils viennent	je vinsse tu vinsses il vînt n. vinssions v. vinssiez ils vinssent	viens venons venez	注 助動詞は être. **devenir** **intervenir** **prévenir** **revenir** **(se) souvenir**
j' accueillerais tu accueillerais il accueillerait n. accueillerions v. accueilleriez ils accueilleraient	j' accueille tu accueilles il accueille n. accueillions v. accueilliez ils accueillent	j' accueillisse tu accueillisses il accueillît n. accueillissions v. accueillissiez ils accueillissent	**accueille** accueillons accueillez	**cueillir**
j' ouvrirais tu ouvrirais il ouvrirait n. ouvririons v. ouvririez ils ouvriraient	j' ouvre tu ouvres il ouvre n. ouvrions v. ouvriez ils ouvrent	j' ouvrisse tu ouvrisses il ouvrît n. ouvrissions v. ouvrissiez ils ouvrissent	**ouvre** ouvrons ouvrez	**couvrir** **découvrir** **offrir** **souffrir**
je courrais tu courrais il courrait n. courrions v. courriez ils courraient	je coure tu coures il coure n. courions v. couriez ils courent	je courusse tu courusses il courût n. courussions v. courussiez ils courussent	cours courons courez	**accourir**
je mourrais tu mourrais il mourrait n. mourrions v. mourriez ils mourraient	je meure tu meures il meure n. mourions v. mouriez ils meurent	je mourusse tu mourusses il mourût n. mourussions v. mourussiez ils mourussent	meurs mourons mourez	注 助動詞は être.
j' acquerrais tu acquerrais il acquerrait n. acquerrions v. acquerriez ils acquerraient	j' acquière tu acquières il acquière n. acquérions v. acquériez ils acquièrent	j' acquisse tu acquisses il acquît n. acquissions v. acquissiez ils acquissent	acquiers acquérons acquérez	**conquérir**
je fuirais tu fuirais il fuirait n. fuirions v. fuiriez ils fuiraient	je fuie tu fuies il fuie n. fuyions v. fuyiez ils fuient	je fuisse tu fuisses il fuît n. fuissions v. fuissiez ils fuissent	fuis fuyons fuyez	**s'enfuir**

不 定 法 現在分詞 過去分詞	直 説 法			
	現　　在	半　過　去	単純過去	単純未来
28. rendre *rendant* *rendu*	je rends tu rends il **rend** n. rendons v. rendez ils rendent	je rendais tu rendais il rendait n. rendions v. rendiez ils rendaient	je rendis tu rendis il rendit n. rendîmes v. rendîtes ils rendirent	je rendrai tu rendras il rendra n. rendrons v. rendrez ils rendront
29. prendre *prenant* *pris*	je prends tu prends il **prend** n. prenons v. prenez ils prennent	je prenais tu prenais il prenait n. prenions v. preniez ils prenaient	je pris tu pris il prit n. prîmes v. prîtes ils prirent	je prendrai tu prendras il prendra n. prendrons v. prendrez ils prendront
30. craindre *craignant* *craint*	je crains tu crains il craint n. craignons v. craignez ils craignent	je craignais tu craignais il craignait n. craignions v. craigniez ils craignaient	je craignis tu craignis il craignit n. craignîmes v. craignîtes ils craignirent	je craindrai tu craindras il craindra n. craindrons v. craindrez ils craindront
31. faire *faisant* *fait*	je fais tu fais il fait n. faisons v. **faites** ils **font**	je faisais tu faisais il faisait n. faisions v. faisiez ils faisaient	je fis tu fis il fit n. fîmes v. fîtes ils firent	je **ferai** tu **feras** il **fera** n. **ferons** v. **ferez** ils **feront**
32. dire *disant* *dit*	je dis tu dis il dit n. disons v. **dites** ils disent	je disais tu disais il disait n. disions v. disiez ils disaient	je dis tu dis il dit n. dîmes v. dîtes ils dirent	je dirai tu diras il dira n. dirons v. direz ils diront
33. lire *lisant* *lu*	je lis tu lis il lit n. lisons v. lisez ils lisent	je lisais tu lisais il lisait n. lisions v. lisiez ils lisaient	je lus tu lus il lut n. lûmes v. lûtes ils lurent	je lirai tu liras il lira n. lirons v. lirez ils liront
34. suffire *suffisant* *suffi*	je suffis tu suffis il suffit n. suffisons v. suffisez ils suffisent	je suffisais tu suffisais il suffisait n. suffisions v. suffisiez ils suffisaient	je suffis tu suffis il suffit n. suffîmes v. suffîtes ils suffirent	je suffirai tu suffiras il suffira n. suffirons v. suffirez ils suffiront

条件法	接 続 法		命 令 法	同 型
現 在	現 在	半 過 去		
je rendrais tu rendrais il rendrait n. rendrions v. rendriez ils rendraient	je rende tu rendes il rende n. rendions v. rendiez ils rendent	je rendisse tu rendisses il rendît n. rendissions v. rendissiez ils rendissent	rends rendons rendez	**attendre descendre entendre pendre perdre répandre répondre vendre**
je prendrais tu prendrais il prendrait n. prendrions v. prendriez ils prendraient	je prenne tu prennes il prenne n. prenions v. preniez ils prennent	je prisse tu prisses il prît n. prissions v. prissiez ils prissent	prends prenons prenez	**apprendre comprendre entreprendre reprendre surprendre**
je craindrais tu craindrais il craindrait n. craindrions v. craindriez ils craindraient	je craigne tu craignes il craigne n. craignions v. craigniez ils craignent	je craignisse tu craignisses il craignît n. craignissions v. craignissiez ils craignissent	crains craignons craignez	**atteindre éteindre joindre peindre plaindre**
je ferais tu ferais il ferait n. ferions v. feriez ils feraient	je **fasse** tu **fasses** il **fasse** n. **fassions** v. **fassiez** ils **fassent**	je fisse tu fisses il fît n. fissions v. fissiez ils fissent	fais faisons **faites**	**défaire refaire satisfaire** 注fais-[f(ə)z-]
je dirais tu dirais il dirait n. dirions v. diriez ils diraient	je dise tu dises il dise n. disions v. disiez ils disent	je disse tu disses il dît n. dissions v. dissiez ils dissent	dis disons **dites**	**redire**
je lirais tu lirais il lirait n. lirions v. liriez ils liraient	je lise tu lises il lise n. lisions v. lisiez ils lisent	je lusse tu lusses il lût n. lussions v. lussiez ils lussent	lis lisons lisez	**relire élire**
je suffirais tu suffirais il suffirait n. suffirions v. suffiriez ils suffiraient	je suffise tu suffises il suffise n. suffisions v. suffisiez ils suffisent	je suffisse tu suffisses il suffît n. suffissions v. suffissiez ils suffissent	suffis suffisons suffisez	

不 定 法 現在分詞 過去分詞	直 説 法			
	現　在	半　過　去	単純過去	単純未来
35. conduire *conduisant* *conduit*	je conduis tu conduis il conduit n. conduisons v. conduisez ils conduisent	je conduisais tu conduisais il conduisait n. conduisions v. conduisiez ils conduisaient	je conduisis tu conduisis il conduisit n. conduisîmes v. conduisîtes ils conduisirent	je conduirai tu conduiras il conduira n. conduirons v. conduirez ils conduiront
36. plaire *plaisant* *plu*	je plais tu plais il **plaît** n. plaisons v. plaisez ils plaisent	je plaisais tu plaisais il plaisait n. plaisions v. plaisiez ils plaisaient	je plus tu plus il plut n. plûmes v. plûtes ils plurent	je plairai tu plairas il plaira n. plairons v. plairez ils plairont
37. coudre *cousant* *cousu*	je couds tu couds il coud n. cousons v. cousez ils cousent	je cousais tu cousais il cousait n. cousions v. cousiez ils cousaient	je cousis tu cousis il cousit n. cousîmes v. cousîtes ils cousirent	je coudrai tu coudras il coudra n. coudrons v. coudrez ils coudront
38. suivre *suivant* *suivi*	je suis tu suis il suit n. suivons v. suivez ils suivent	je suivais tu suivais il suivait n. suivions v. suiviez ils suivaient	je suivis tu suivis il suivit n. suivîmes v. suivîtes ils suivirent	je suivrai tu suivras il suivra n. suivrons v. suivrez ils suivront
39. vivre *vivant* *vécu*	je vis tu vis il vit n. vivons v. vivez ils vivent	je vivais tu vivais il vivait n. vivions v. viviez ils vivaient	je vécus tu vécus il vécut n. vécûmes v. vécûtes ils vécurent	je vivrai tu vivras il vivra n. vivrons v. vivrez ils vivront
40. écrire *écrivant* *écrit*	j' écris tu écris il écrit n. écrivons v. écrivez ils écrivent	j' écrivais tu écrivais il écrivait n. écrivions v. écriviez ils écrivaient	j' écrivis tu écrivis il écrivit n. écrivîmes v. écrivîtes ils écrivirent	j' écrirai tu écriras il écrira n. écrirons v. écrirez ils écriront
41. boire *buvant* *bu*	je bois tu bois il boit n. buvons v. buvez ils boivent	je buvais tu buvais il buvait n. buvions v. buviez ils buvaient	je bus tu bus il but n. bûmes v. bûtes ils burent	je boirai tu boiras il boira n. boirons v. boirez ils boiront

条件法	接続法		命令法	同型
現在	現在	半過去		
je conduirais	je conduise	je conduisisse		**construire**
tu conduirais	tu conduises	tu conduisisses	conduis	**cuire**
il conduirait	il conduise	il conduisît		**détruire**
n. conduirions	n. conduisions	n. conduisissions	conduisons	**instruire**
v. conduiriez	v. conduisiez	v. conduisissiez	conduisez	**introduire**
ils conduiraient	ils conduisent	ils conduisissent		**produire**
				traduire
je plairais	je plaise	je plusse		**déplaire**
tu plairais	tu plaises	tu plusses	plais	**(se) taire**
il plairait	il plaise	il plût		（ただし il se tait）
n. plairions	n. plaisions	n. plussions	plaisons	
v. plairiez	v. plaisiez	v. plussiez	plaisez	
ils plairaient	ils plaisent	ils plussent		
je coudrais	je couse	je cousisse		
tu coudrais	tu couses	tu cousisses	couds	
il coudrait	il couse	il cousît		
n. coudrions	n. cousions	n. cousissions	cousons	
v. coudriez	v. cousiez	v. cousissiez	cousez	
ils coudraient	ils cousent	ils cousissent		
je suivrais	je suive	je suivisse		**poursuivre**
tu suivrais	tu suives	tu suivisses	suis	
il suivrait	il suive	il suivît		
n. suivrions	n. suivions	n. suivissions	suivons	
v. suivriez	v. suiviez	v. suivissiez	suivez	
ils suivraient	ils suivent	ils suivissent		
je vivrais	je vive	je vécusse		
tu vivrais	tu vives	tu vécusses	vis	
il vivrait	il vive	il vécût		
n. vivrions	n. vivions	n. vécussions	vivons	
v. vivriez	v. viviez	v. vécussiez	vivez	
ils vivraient	ils vivent	ils vécussent		
j' écrirais	j' écrive	j' écrivisse		**décrire**
tu écrirais	tu écrives	tu écrivisses	écris	**inscrire**
il écrirait	il écrive	il écrivît		
n. écririons	n. écrivions	n. écrivissions	écrivons	
v. écririez	v. écriviez	v. écrivissiez	écrivez	
ils écriraient	ils écrivent	ils écrivissent		
je boirais	je boive	je busse		
tu boirais	tu boives	tu busses	bois	
il boirait	il boive	il bût		
n. boirions	n. buvions	n. bussions	buvons	
v. boiriez	v. buviez	v. bussiez	buvez	
ils boiraient	ils boivent	ils bussent		

不 定 法 現在分詞 過去分詞	直 説 法			
	現　　在	半　過　去	単純過去	単純未来
42. résoudre *résolvant* *résolu*	je résous tu résous il résout n. résolvons v. résolvez ils résolvent	je résolvais tu résolvais il résolvait n. résolvions v. résolviez ils résolvaient	je résolus tu résolus il résolut n. résolûmes v. résolûtes ils résolurent	je résoudrai tu résoudras il résoudra n. résoudrons v. résoudrez ils résoudront
43. connaître *connaissant* *connu*	je connais tu connais il **connaît** n. connaissons v. connaissez ils connaissent	je connaissais tu connaissais il connaissait n. connaissions v. connaissiez ils connaissaient	je connus tu connus il connut n. connûmes v. connûtes ils connurent	je connaîtrai tu connaîtras il connaîtra n. connaîtrons v. connaîtrez ils connaîtront
44. naître *naissant* *né*	je nais tu nais il **naît** n. naissons v. naissez ils naissent	je naissais tu naissais il naissait n. naissions v. naissiez ils naissaient	je naquis tu naquis il naquit n. naquîmes v. naquîtes ils naquirent	je naîtrai tu naîtras il naîtra n. naîtrons v. naîtrez ils naîtront
45. croire *croyant* *cru*	je crois tu crois il croit n. croyons v. croyez ils croient	je croyais tu croyais il croyait n. croyions v. croyiez ils croyaient	je crus tu crus il crut n. crûmes v. crûtes ils crurent	je croirai tu croiras il croira n. croirons v. croirez ils croiront
46. battre *battant* *battu*	je bats tu bats il **bat** n. battons v. battez ils battent	je battais tu battais il battait n. battions v. battiez ils battaient	je battis tu battis il battit n. battîmes v. battîtes ils battirent	je battrai tu battras il battra n. battrons v. battrez ils battront
47. mettre *mettant* *mis*	je mets tu mets il **met** n. mettons v. mettez ils mettent	je mettais tu mettais il mettait n. mettions v. mettiez ils mettaient	je mis tu mis il mit n. mîmes v. mîtes ils mirent	je mettrai tu mettras il mettra n. mettrons v. mettrez ils mettront
48. rire *riant* *ri*	je ris tu ris il rit n. rions v. riez ils rient	je riais tu riais il riait n. riions v. riiez ils riaient	je ris tu ris il rit n. rîmes v. rîtes ils rirent	je rirai tu riras il rira n. rirons v. rirez ils riront

条 件 法	接 続 法		命 令 法	同 型
現　　在	現　　在	半 過 去		
je résoudrais tu résoudrais il résoudrait n. résoudrions v. résoudriez ils résoudraient	je résolve tu résolves il résolve n. résolvions v. résolviez ils résolvent	je résolusse tu résolusses il résolût n. résolussions v. résolussiez ils résolussent	résous résolvons résolvez	
je connaîtrais tu connaîtrais il connaîtrait n. connaîtrions v. connaîtriez ils connaîtraient	je connaisse tu connaisses il connaisse n. connaissions v. connaissiez ils connaissent	je connusse tu connusses il connût n. connussions v. connussiez ils connussent	connais connaissons connaissez	注 t の前にくるとき i→î. **apparaître** **disparaître** **paraître** **reconnaître**
je naîtrais tu naîtrais il naîtrait n. naîtrions v. naîtriez ils naîtraient	je naisse tu naisses il naisse n. naissions v. naissiez ils naissent	je naquisse tu naquisses il naquît n. naquissions v. naquissiez ils naquissent	nais naissons naissez	注 t の前にくるとき i→î. 助動詞は être.
je croirais tu croirais il croirait n. croirions v. croiriez ils croiraient	je croie tu croies il croie n. croyions v. croyiez ils croient	je crusse tu crusses il crût n. crussions v. crussiez ils crussent	crois croyons croyez	
je battrais tu battrais il battrait n. battrions v. battriez ils battraient	je batte tu battes il batte n. battions v. battiez ils battent	je battisse tu battisses il battît n. battissions v. battissiez ils battissent	bats battons battez	**abattre** **combattre**
je mettrais tu mettrais il mettrait n. mettrions v. mettriez ils mettraient	je mette tu mettes il mette n. mettions v. mettiez ils mettent	je misse tu misses il mît n. missions v. missiez ils missent	mets mettons mettez	**admettre** **commettre** **permettre** **promettre** **remettre**
je rirais tu rirais il rirait n. ririons v. ririez ils riraient	je rie tu ries il rie n. riions v. riiez ils rient	je risse tu risses il rît n. rissions v. rissiez ils rissent	ris rions riez	**sourire**

不 定 法　現在分詞　過去分詞	直　　説　　法			
	現　　在	半　過　去	単純過去	単純未来
49. conclure *concluant* *conclu*	je conclus tu conclus il conclut n. concluons v. concluez ils concluent	je concluais tu concluais il concluait n. concluions v. concluiez ils concluaient	je conclus tu conclus il conclut n. conclûmes v. conclûtes ils conclurent	je conclurai tu concluras il conclura n. conclurons v. conclurez ils concluront
50. rompre *rompant* *rompu*	je romps tu romps il rompt n. rompons v. rompez ils rompent	je rompais tu rompais il rompait n. rompions v. rompiez ils rompaient	je rompis tu rompis il rompit n. rompîmes v. rompîtes ils rompirent	je romprai tu rompras il rompra n. romprons v. romprez ils rompront
51. vaincre *vainquant* *vaincu*	je vaincs tu vaincs il **vainc** n. vainquons v. vainquez ils vainquent	je vainquais tu vainquais il vainquait n. vainquions v. vainquiez ils vainquaient	je vainquis tu vainquis il vainquit n. vainquîmes v. vainquîtes ils vainquirent	je vaincrai tu vaincras il vaincra n. vaincrons v. vaincrez ils vaincront
52. recevoir *recevant* *reçu*	je reçois tu reçois il reçoit n. recevons v. recevez ils reçoivent	je recevais tu recevais il recevait n. recevions v. receviez ils recevaient	je reçus tu reçus il reçut n. reçûmes v. reçûtes ils reçurent	je **recevrai** tu **recevras** il **recevra** n. **recevrons** v. **recevrez** ils **recevront**
53. devoir *devant* *dû* (due, dus, dues)	je dois tu dois il doit n. devons v. devez ils doivent	je devais tu devais il devait n. devions v. deviez ils devaient	je dus tu dus il dut n. dûmes v. dûtes ils durent	je **devrai** tu **devras** il **devra** n. **devrons** v. **devrez** ils **devront**
54. pouvoir *pouvant* *pu*	je **peux (puis)** tu **peux** il peut n. pouvons v. pouvez ils peuvent	je pouvais tu pouvais il pouvait n. pouvions v. pouviez ils pouvaient	je pus tu pus il put n. pûmes v. pûtes ils purent	je **pourrai** tu **pourras** il **pourra** n. **pourrons** v. **pourrez** ils **pourront**
55. émouvoir *émouvant* *ému*	j' émeus tu émeus il émeut n. émouvons v. émouvez ils émeuvent	j' émouvais tu émouvais il émouvait n. émouvions v. émouviez ils émouvaient	j' émus tu émus il émut n. émûmes v. émûtes ils émurent	j' **émouvrai** tu **émouvras** il **émouvra** n. **émouvrons** v. **émouvrez** ils **émouvront**

条　件　法	接　続　法		命　令　法	同　型
現　　在	現　　在	半　過　去		
je conclurais tu conclurais il conclurait n. conclurions v. concluriez ils concluraient	je conclue tu conclues il conclue n. concluions v. concluiez ils concluent	je conclusse tu conclusses il conclût n. conclussions v. conclussiez ils conclussent	conclus concluons concluez	
je romprais tu romprais il romprait n. romprions v. rompriez ils rompraient	je rompe tu rompes il rompe n. rompions v. rompiez ils rompent	je rompisse tu rompisses il rompît n. rompissions v. rompissiez ils rompissent	romps rompons rompez	**interrompre**
je vaincrais tu vaincrais il vaincrait n. vaincrions v. vaincriez ils vaincraient	je vainque tu vainques il vainque n. vainquions v. vainquiez ils vainquent	je vainquisse tu vainquisses il vainquît n. vainquissions v. vainquissiez ils vainquissent	vaincs vainquons vainquez	**convaincre**
je recevrais tu recevrais il recevrait n. recevrions v. recevriez ils recevraient	je reçoive tu reçoives il reçoive n. recevions v. receviez ils reçoivent	je reçusse tu reçusses il reçût n. reçussions v. reçussiez ils reçussent	reçois recevons recevez	**apercevoir** **concevoir**
je devrais tu devrais il devrait n. devrions v. devriez ils devraient	je doive tu doives il doive n. devions v. deviez ils doivent	je dusse tu dusses il dût n. dussions v. dussiez ils dussent	dois devons devez	注命令法はほとんど 用いられない.
je pourrais tu pourrais il pourrait n. pourrions v. pourriez ils pourraient	je **puisse** tu **puisses** il **puisse** n. **puissions** v. **puissiez** ils **puissent**	je pusse tu pusses il pût n. pussions v. pussiez ils pussent		注命令法はない.
j' émouvrais tu émouvrais il émouvrait n. émouvrions v. émouvriez ils émouvraient	j' émeuve tu émeuves il émeuve n. émouvions v. émouviez ils émeuvent	j' émusse tu émusses il émût n. émussions v. émussiez ils émussent	émeus émouvons émouvez	**mouvoir** ただし過去分詞は mû (mue, mus, mues)

不 定 法 現在分詞 過去分詞	直 説 法			
	現　　在	半　過　去	単純過去	単純未来
56. savoir *sachant* *su*	je sais tu sais il sait n. savons v. savez ils savent	je savais tu savais il savait n. savions v. saviez ils savaient	je sus tu sus il sut n. sûmes v. sûtes ils surent	je **saurai** tu **sauras** il **saura** n. **saurons** v. **saurez** ils **sauront**
57. voir *voyant* *vu*	je vois tu vois il voit n. voyons v. voyez ils voient	je voyais tu voyais il voyait n. voyions v. voyiez ils voyaient	je vis tu vis il vit n. vîmes v. vîtes ils virent	je **verrai** tu **verras** il **verra** n. **verrons** v. **verrez** ils **verront**
58. vouloir *voulant* *voulu*	je **veux** tu **veux** il veut n. voulons v. voulez ils veulent	je voulais tu voulais il voulait n. voulions v. vouliez ils voulaient	je voulus tu voulus il voulut n. voulûmes v. voulûtes ils voulurent	je **voudrai** tu **voudras** il **voudra** n. **voudrons** v. **voudrez** ils **voudront**
59. valoir *valant* *valu*	je **vaux** tu **vaux** il vaut n. valons v. valez ils valent	je valais tu valais il valait n. valions v. valiez ils valaient	je valus tu valus il valut n. valûmes v. valûtes ils valurent	je **vaudrai** tu **vaudras** il **vaudra** n. **vaudrons** v. **vaudrez** ils **vaudront**
60. s'asseoir *s'asseyant*[1] *assis*	je m'assieds[1] tu t'assieds il **s'assied** n. n. asseyons v. v. asseyez ils s'asseyent	je m'asseyais[1] tu t'asseyais il s'asseyait n. n. asseyions v. v. asseyiez ils s'asseyaient	je m'assis tu t'assis il s'assit n. n. assîmes v. v. assîtes ils s'assirent	je m'**assiérai**[1] tu t'**assiéras** il s'**assiéra** n. n. **assiérons** v. v. **assiérez** ils s'**assiéront**
s'assoyant[2]	je m'assois[2] tu t'assois il s'assoit n. n. assoyons v. v. assoyez ils s'assoient	je m'assoyais[2] tu t'assoyais il s'assoyait n. n. assoyions v. v. assoyiez ils s'assoyaient		je m'**assoirai**[2] tu t'**assoiras** il s'**assoira** n. n. **assoirons** v. v. **assoirez** ils s'**assoiront**
61. pleuvoir *pleuvant* *plu*	il pleut	il pleuvait	il plut	il **pleuvra**
62. falloir *fallu*	il faut	il fallait	il fallut	il **faudra**

条 件 法	接 続 法		命 令 法	同 型
現 在	現 在	半 過 去		
je saurais tu saurais il saurait n. saurions v. sauriez ils sauraient	je **sache** tu **saches** il **sache** n. **sachions** v. **sachiez** ils **sachent**	je susse tu susses il sût n. sussions v. sussiez ils sussent	**sache** **sachons** **sachez**	
je verrais tu verrais il verrait n. verrions v. verriez ils verraient	je voie tu voies il voie n. voyions v. voyiez ils voient	je visse tu visses il vît n. vissions v. vissiez ils vissent	 vois voyons voyez	**revoir**
je voudrais tu voudrais il voudrait n. voudrions v. voudriez ils voudraient	je **veuille** tu **veuilles** il **veuille** n. voulions v. vouliez ils **veuillent**	je voulusse tu voulusses il voulût n. voulussions v. voulussiez ils voulussent	**veuille** **veuillons** **veuillez**	
je vaudrais tu vaudrais il vaudrait n. vaudrions v. vaudriez ils vaudraient	je **vaille** tu **vailles** il **vaille** n. valions v. valiez ils **vaillent**	je valusse tu valusses il valût n. valussions v. valussiez ils valussent		注命令法はほとんど用いられない.
je m'assiérais[1] tu t'assiérais il s'assiérait n. n. assiérions v. v. assiériez ils s'assiéraient	je m'asseye[1] tu t'asseyes il s'asseye n. n. asseyions v. v. asseyiez ils s'asseyent	j' m'assisse tu t'assisses il s'assît	assieds-toi[1] asseyons-nous asseyez-vous	注時称により2種の活用があるが, (1)は古来の活用で, (2)は俗語調である. (1)の方が多く使われる.
je m'assoirais[2] tu t'assoirais il s'assoirait n. n. assoirions v. v. assoiriez ils s'assoiraient	je m'assoie[2] tu t'assoies il s'assoie n. n. assoyions v. v. assoyiez ils s'assoient	n. n. assissions v. v. assissiez ils s'assissent	assois-toi[2] assoyons-nous assoyez-vous	
il pleuvrait	il pleuve	il plût		注命令法はない.
il faudrait	il **faille**	il fallût		注命令法・現在分詞はない.

NUMÉRAUX（数詞）

CARDINAUX（基数） — ORDINAUX（序数）

CARDINAUX	ORDINAUX
1 un, une	premier（première）
2 deux	deuxième, second（e）
3 trois	troisième
4 quatre	quatrième
5 cinq	cinquième
6 six	sixième
7 sept	septième
8 huit	huitième
9 neuf	neuvième
10 dix	dixième
11 onze	onzième
12 douze	douzième
13 treize	treizième
14 quatorze	quatorzième
15 quinze	quinzième
16 seize	seizième
17 dix-sept	dix-septième
18 dix-huit	dix-huitième
19 dix-neuf	dix-neuvième
20 vingt	vingtième
21 vingt et un	vingt et unième
22 vingt-deux	vingt-deuxième
23 vingt-trois	vingt-troisième
30 trente	trentième
31 trente et un	trente et unième
32 trente-deux	trente-deuxième
40 quarante	quarantième
41 quarante et un	quarante et unième
42 quarante-deux	quarante-deuxième
50 cinquante	cinquantième
51 cinquante et un	cinquante et unième
52 cinquante-deux	cinquante-deuxième
60 soixante	soixantième
61 soixante et un	soixante et unième
62 soixante-deux	soixante-deuxième
70 soixante-dix	soixante-dixième
71 soixante et onze	soixante et onzième
72 soixante-douze	soixante-douzième
80 quatre-vingts	quatre-vingtième
81 quatre-vingt-un	quatre-vingt-unième
82 quatre-vingt-deux	quatre-vingt-deuxième

CARDINAUX — ORDINAUX

CARDINAUX	ORDINAUX
90 quatre-vingt-dix	quatre-vingt-dixième
91 quatre-vingt-onze	quatre-vingt-onzième
92 quatre-vingt-douze	quatre-vingt-douzième
100 cent	centième
101 cent un	cent（et）unième
102 cent deux	cent deuxième
110 cent dix	cent dixième
120 cent vingt	cent vingtième
130 cent trente	cent trentième
140 cent quarante	cent quarantième
150 cent cinquante	cent cinquantième
160 cent soixante	cent soixantième
170 cent soixante-dix	cent soixante-dixième
180 cent quatre-vingts	cent quatre-vingtième
190 cent quatre-vingt-dix	cent quatre-vingt-dixième
200 deux cents	deux centième
201 deux cent un	deux cent unième
202 deux cent deux	deux cent deuxième
300 trois cents	trois centième
301 trois cent un	trois cent unième
302 trois cent deux	trois cent deuxième
400 quatre cents	quatre centième
401 quatre cent un	quatre cent unième
402 quatre cent deux	quatre cent deuxième
500 cinq cents	cinq centième
501 cinq cent un	cinq cent unième
502 cinq cent deux	cinq cent deuxième
600 six cents	six centième
601 six cent un	six cent unième
602 six cent deux	six cent deuxième
700 sept cents	sept centième
701 sept cent un	sept cent unième
702 sept cent deux	sept cent deuxième
800 huit cents	huit centième
801 huit cent un	huit cent unième
802 huit cent deux	huit cent deuxième
900 neuf cents	neuf centième
901 neuf cent un	neuf cent unième
902 neuf cent deux	neuf cent deuxième
1000 mille	millième

1 000 000 | un million | millionième || 1 000 000 000 | un milliard | milliardième